SE VOCÊ NÃO SE CURAR DO QUE TE FERIU, IRÁ SANGRAR EM CIMA DE QUEM NÃO TE MACHUCOU

SE VOCÊ NÃO SE CURAR DO QUE TE FERIU, IRÁ SANGRAR EM CIMA DE QUEM NÃO TE MACHUCOU

ANDREI MOREIRA

CATANDUVA, SP
2025

DEDICATÓRIA

Dedico esta obra a todas as pessoas que têm a coragem de mergulhar em si mesmas, reconhecer com honestidade o que vivem em sua intimidade e serem uma metamorfose constante. Nos casulos mais apertados podem se formar as mais belas asas.

GRATIDÃO

Muitos corações se somam para que uma nova obra venha a público, desde aqueles que nos ensinam até aqueles que compartilham da nossa jornada de crescimento pessoal.

Agradeço a Joan Garriga, Stephan Hausner, Gabor Maté, Peter Levine, Bert Hellinger e Sofia Bauer pelos ensinamentos preciosos sobre feridas infantis, trauma e cura interior.

Agradeço às queridas Natalia Kopacheski e Patricia Farias e ao querido Marcos Miranda pela leitura carinhosa e pelas valiosas sugestões ao texto.

Agradeço ao amigo Ricardo Pinfildi pelo carinho que tem com minhas obras e pela postura fraterna e sempre acolhedora quanto a novas ideias.

Agradeço aos queridos Roberto Lúcio Vieira de Souza e Rossandro Klinjey pelo apoio e pelas palavras carinhosas sobre a obra.

SUMÁRIO

P
PREFÁCIO   20

I
Introdução
O RATO E O LEÃO   24

1
AS RELAÇÕES ADOECEM DEVIDO AO QUE NÃO É CURADO EM NÓS E NO OUTRO   30

2
FERIDAS INFANTIS E EFEITOS NA VIDA ADULTA   34

3
CICLO DA DOR × CICLO DA CURA   40

    CICLO DA DOR   42

    CICLO DA CURA   44

4
RECONHECENDO AS FERIDAS INFANTIS, AS DEFESAS DO EGO E OS MOVIMENTOS DE SOLUÇÃO   46

FERIDA DE REJEIÇÃO   49

FERIDA DE ABANDONO   51

FERIDA DE INJUSTIÇA   53

FERIDA DE HUMILHAÇÃO   56

FERIDA DE VIOLÊNCIA   57

FERIDA DE TRAIÇÃO   59

5
DA DOR ORIGINAL À CICATRIZAÇÃO   62

Toda ferida dói   63
(sintomas da presença das dores emocionais)

Toda ferida sangra   63
(efeitos dos traumas que permanecem)

Todo corpo guarda memória   63
(couraça muscular)

Toda ferida pode ser curada   64
(decisão e ressignificação)

Fazendo a limpeza das feridas interiores   64
(cuidando dos efeitos)

Medicando a dor das feridas   65
(ajuda e consistência)

Fazendo o curativo   65
(autorregulação)

Permitindo e vivendo a cicatrização das feridas   66
(expansão e limites)

6
DINÂMICAS E PROPOSTAS RELACIONAIS   68
PROPOSTAS RELACIONAIS OU *SCRIPTS* AFETIVOS   71
A FRUTA BICHADA   73

7
CURA É MOVIMENTO E HABILIDADE PARA RESPONDER   76
A CURA É PROCESSUAL   79

8
ETAPAS DA TRANSFORMAÇÃO INTERIOR   84
AUTOBIOGRAFIA EM CINCO CAPÍTULOS

9
ABORDAGENS PSICOTERAPÊUTICAS E CORPORAIS FACILITADORAS DA CURA INTERIOR 90

- PSICANÁLISE 92
- ANÁLISE JUNGUIANA 93
- TERAPIA COGNITIVO-COMPORTAMENTAL (TCC) 94
- TERAPIA HUMANISTA (OU FENOMENOLÓGICA-EXISTENCIAL) 95
- TERAPIA SISTÊMICA OU FAMILIAR 97
- TERAPIA GESTALT 98
- PSICODRAMA 100
- TERAPIAS CORPORAIS 101
- TERAPIA EMDR (DESSENSIBILIZAÇÃO E REPROCESSAMENTO POR MOVIMENTOS OCULARES) 103
- TERAPIA TRANSPESSOAL E TERAPIA INTEGRATIVA 105

10
A AÇÃO DA ALOPATIA E DA HOMEOPATIA NO AUXÍLIO À CURA INTERIOR 110

11
A CONSTELAÇÃO FAMILIAR E O CAMINHO DE CURA INTERIOR 118

CONSTELAÇÃO FAMILIAR 120
AS TRÊS LEIS SISTÊMICAS FUNDAMENTAIS 121
EMARANHAMENTOS 122

12
O PRECIOSO TEMPO DO DESERTO INTERIOR: AUTOTRANSFORMAÇÃO 126

13
RECONCILIAÇÃO COM PAI E MÃE: ACEITAÇÃO, GRATIDÃO, HONRA 134

14
SOBREVIVENDO A PAI E MÃE: DESOBEDIÊNCIA HONROSA 142

15
PERDÃO E RECONCILIAÇÃO 150

ETAPAS PSICOLÓGICAS DO PERDÃO 152
Reconhecimento da raiva e dos sentimentos 152
Acolhimento de si mesmo com amorosidade 154
Decisão de perdoar e se liberar das amarras 155
Alteridade e humanidade: entendimento das circunstâncias e do outro 155
O que negamos nos domina, o que acolhemos nos cura 157

Ressignificação e integração da experiência emocional 159

Liberação progressiva do sofrimento até a lembrança sem dor 161

O PERDÃO NOS EVANGELHOS: LIMITES E RESGATE DA DIGNIDADE PESSOAL 162

AUTOPERDÃO: LIBERTAÇÃO INTERIOR 164

16
RECONHECER VULNERABILIDADES E ACOLHER IMPERFEIÇÕES: O *KINTSUGI* EMOCIONAL 168

17
A FÊNIX INTERIOR: RENASCENDO DAS CINZAS DO TRAUMA 172

A FÊNIX COMO SÍMBOLO 173

A MORTE COMO RENOVAÇÃO 177

O SÍMBOLO CRISTÃO 178

RENASCENDO DAS CINZAS DO TRAUMA 179

AS ETAPAS DA JORNADA DA FÊNIX INTERIOR 180

O processo da queima: reconhecer a ruptura 180

Entrar no vazio e reconhecer o que é sentido 181

Cultivar a resiliência 182

Ressignificar a experiência 184

O renascimento e o crescimento pós-traumático 185

ESPIRITUALIDADE 185

18
CURANDO A DOR DO ABUSO EMOCIONAL E/OU SEXUAL 188

19
LIBERTE-SE DOS CIÚMES DOENTIOS 194

    CIÚME E CARÊNCIA AFETIVA 196

    PERTENCIMENTO E PADRÕES AFETIVOS FAMILIARES 198

    CIÚMES OBSESSIVOS 200

20
ESTABELECER LIMITES: IMUNIDADE FÍSICA E IMUNIDADE PSÍQUICA 202

    IMUNIDADE PSÍQUICA 203

    ANALOGIA ENTRE IMUNIDADE FÍSICA E PSÍQUICA 204

        Proteção contra agressões externas 204

        Manutenção do equilíbrio interno 205

        Reconhecimento e reação apropriada 205

        Fortalecimento pelo autocuidado 205

        Vulnerabilidade quando enfraquecido 205

    TRÊS PRINCIPAIS GRUPOS DE DOENÇAS DO SISTEMA IMUNOLÓGICO 206

        Imunodepressão 206

        Autoimunidade 207

        Alergias ou reações alérgicas 210

21
AS TRÊS METAMORFOSES DO ESPÍRITO SEGUNDO NIETZSCHE: CAMELO, LEÃO E CRIANÇA   212

- O CAMELO   213
- O LEÃO   217
- A CRIANÇA   219
- HÁ MUITOS "EUS" DENTRO DE NÓS   220
- AS TRÊS ETAPAS NA RELAÇÃO COM OS PAIS   221

22
O POTENCIAL LUMINOSO DA CRIANÇA INTERIOR   224

- AUTOPERMISSÃO PARA FLORESCER   225
- CONFIANÇA NA VIDA E FÉ NO DIVINO (ESPIRITUALIDADE)   227
- CAPACIDADE DE AMAR E SER AMADO   228
- ALEGRIA, ESPONTANEIDADE, CRIATIVIDADE E IMAGINAÇÃO   228
- AUTENTICIDADE E VULNERABILIDADE   229

23
AUTOCURA: DIALOGANDO COM AS CÉLULAS E ATIVANDO A PRÓPRIA SAÚDE   232

24
DO VIRTUAL AO REAL: NUTRINDO A ALMA COM O QUE VERDADEIRAMENTE IMPORTA   238

25
REFUGIADOS DE GUERRA: COMO SUPERAR DORES ACERBAS?   242

UM MOTIVO PARA VIVER   245

JOJO   247

26
O CAMINHO ESPIRITUAL DE DESENVOLVIMENTO PESSOAL   250

VÍNCULOS E EXPERIÊNCIAS DE AMOR   251

MEDITAÇÃO E ORAÇÃO   253

AUTOCONHECIMENTO E *BYPASS* ESPIRITUAL   253

ESPIRITUALIDADE E RECONCILIAÇÃO   256

27
O CURADOR FERIDO: TRANSFORMANDO DOR EM SERVIR   258

MITOLOGIA   259

FAZENDO A PÉROLA   262

VIÇO DO SER   264

28
CONQUISTE E LIBERTE A SUA MELHOR VERSÃO   266

A
Anexo
MEDITAÇÕES/VISUALIZAÇÕES CRIATIVAS CURATIVAS 270

MEDITAÇÃO 1
CUIDANDO DAS FERIDAS INTERIORES 272

MEDITAÇÃO 2
METAMORFOSE PESSOAL 274

MEDITAÇÃO 3
ACOLHENDO TODAS AS SUAS VERSÕES 276

MEDITAÇÃO 4
LEVANDO A CRIANÇA INTERIOR ATÉ OS PAIS 278

MEDITAÇÃO 5
LIBERANDO AS DEFESAS INTERIORES 280

MEDITAÇÃO 6
TUDO TEM DIREITO A SER EXATAMENTE COMO É 284

B
BIBLIOGRAFIA 286

PREFÁCIO
NATI H.M. KOPACHESKY
PSICÓLOGA

QUE ALEGRIA E HONRA PODER ESCREVER ESTAS LINHAS E, ASSIM, acompanhar a sua leitura e a sua jornada por alguns instantes.

Andrei nos mostra, mais uma vez, como transformar o complexo em simples, o confuso em um caminho claro e o desafiador em uma escolha possível para vivenciarmos novas e mais saudáveis formas de ser e estar no mundo. Ele possui o dom da palavra, mas também a coragem, a disciplina e a generosidade de entregar esse dom à vida, colocando-se a serviço. Obrigada, Andrei. Sei que meu agradecimento ecoa o de inúmeros leitores ao redor do mundo.

Reviso estas palavras de um aeroporto, enquanto retorno para casa. Observo as pessoas ao meu redor e me pergunto sobre suas origens e destinos. É fascinante pensar em como a nossa vida pode ser vivida como uma jornada heroica de retorno ao lar, à nossa essência... como a volta ao ponto de partida com plena consciência do caminho percorrido e das transformações que vivemos.

Se você tem esta obra em suas mãos, talvez tenha decidido – consciente ou inconscientemente – estar melhor, ganhar mais presença e mais vida, curar sua história e se abrir para o presente (única instância possível para estar vivo).

Toda cura é fruto de um movimento de expansão. Isso significa sair do cotidiano conhecido e aventurar-se pelo incerto e desconhecido. Nos processos de crescimento e de ampliação da consciência, precisamos de pontos de apoio para pisar com firmeza, buscando equilíbrio a cada passo. Durante a leitura desta obra, pensei repetidamente na imagem deste livro como um mapa: um guia que nos indica pontos de apoio, pontes, vales e lugares de descanso ao longo da jornada. Uma excelente companhia para um profundo mergulho interior.

A vida é sábia: diante de cada trauma que vivenciamos, desenvolvemos a defesa que nos mantém vivos. Entramos em modo sobrevivência e cabe a nós, depois (talvez agora, que você tem esta obra em suas mãos), olhar com curiosidade para a forma com que funcionamos e perceber o quanto ainda estamos sobrevivendo, mesmo quando não há mais ameaça. Que a sua caminhada da "reação" para a "ação consciente e a presença" seja repleta de descobertas e profundas transformações.

Desejo a você uma boa viagem: uma travessia compassiva, sustentada pela companhia amorosa das palavras do Andrei a cada passo. E que você possa sempre presentear a vida com a maior expressão do seu potencial.

Boa leitura e boa jornada!
Com carinho,

NATI H.M. KOPACHESKY
Psicóloga

ANDREI NOS MOSTRA, MAIS UMA VEZ, COMO TRANSFORMAR O COMPLEXO EM SIMPLES, O CONFUSO EM UM CAMINHO CLARO E O DESAFIADOR EM UMA ESCOLHA POSSÍVEL PARA VIVENCIARMOS NOVAS E MAIS SAUDÁVEIS FORMAS DE SER E ESTAR NO MUNDO. ELE POSSUI O DOM DA PALAVRA, MAS TAMBÉM A CORAGEM, A DISCIPLINA E A GENEROSIDADE DE ENTREGAR ESSE DOM À VIDA, COLOCANDO-SE A SERVIÇO. OBRIGADA, ANDREI. SEI QUE MEU AGRADECIMENTO ECOA O DE INÚMEROS LEITORES AO REDOR DO MUNDO.

Introdução
O RATO E O LEÃO

*O primeiro passo para a cura
é saber qual é a doença.*
PROVÉRBIO LATINO

QUANDO EU ERA CRIANÇA, MEUS PAIS COSTUMAVAM CONTAR PARA mim e para meus irmãos a história do rato e do leão, provavelmente uma variação livre do clássico de Esopo[1] "O leão e o rato" combinada com o conto popular "Ândrocles e o leão".

Diziam eles que um leão muito famoso por sua braveza costumava rugir alto na floresta e que ninguém ousava se aproximar dele. Todos comentavam quão ameaçador ele era e o quanto deviam se afastar, para evitar ser agredidos ou mortos.

Todos os dias ele rugia. E, diariamente, a lenda se espalhava.

Até que um pequeno rato – talvez pequeno demais para dar excessiva importância aos rugidos do leão ou a si mesmo – resolveu investigar por que o rei da selva não se calava, dia e noite.

Esgueirou-se pelos arbustos, passou escondido por detrás das pedras até que conseguiu entrar na caverna escura na qual se encontrava o leão.

Aos poucos, seus olhinhos se habituaram à escuridão, e então ele pôde ver que o temido e famigerado leão que tanto rugia estava encolhido no fundo da caverna e tinha um enorme espinho cravado em sua pata traseira, um local que sua visão e sua boca não alcançavam.

Silenciosa e sorrateiramente, o rato se aproximou e, em uma bocada, arrancou o espinho da pata do Leão, que soltou um

---

1. Esopo (Nessebar, 620 a.C. – Delfos, 564 a.C.) foi um escritor da Grécia Antiga a quem são atribuídas várias fábulas populares. A ele se atribui a paternidade da fábula como gênero literário. Sua obra, que constitui as *Fábulas de Esopo*, serviu de inspiração para outros escritores ao longo dos séculos, como Fedro e La Fontaine. Fonte: Wikipédia. Disponível em: https://pt.wikipedia.org/wiki/Esopo. Acesso em: 15 jan. 2025.

forte rugido como resultado da dor aguda experimentada, de tal sorte que todos na floresta ouviram.

O ratinho recuou assustado tão logo o leão se deu conta de sua presença – com o espinho na boca, sua ponta molhada de sangue.

Quando ia reagir, o leão sentiu um profundo alívio da dor que sentia, e uma calma hipnotizante foi tomando conta dele, até que adormeceu.

Não se sabe por quanto tempo o leão dormiu, mas, quando despertou, encontrou sua pata cuidada pelo ratinho, que passou nela um preparado de ervas e a enfaixou assim que ele adormeceu, indo embora em seguida.

A partir de então, já não tinha mais dor e, naquela floresta, não se ouviu mais o seu rugido ameaçador.

Calmamente, ele saiu de sua caverna e, ao ver a luz do sol, alegrou-se e correu para encontrar com o seu bando, que já estava distante dali…

E o rato?

Vendo a cena de longe, sorriu aliviado.

Junto com ele, toda a floresta sorriu.

*

Somos todos leões, somos todos ratos e somos todos floresta.

Há muitas feridas ocultas em nossa intimidade – vindas da infância e das relações com pais, cuidadores, familiares e referenciais do processo de desenvolvimento, como professores ou líderes religiosos – que estão ativas nas profundezas do coração como dor silenciosa ou manifestadas nos relacionamentos atuais, como defesas e reatividades, sustentando movimentos de controle, evitação, insegurança, medo, dificuldade de envolvimento, ciúmes, possessividades, carências e até mesmo abusos e violências.

Costuma-se dizer que por trás de um adulto difícil – e todos o somos em alguma medida – há uma criança ferida cuja dor não é reconhecida nem validada, e que permanece sendo sempre atualizada.

É que temos a tendência de repetir as feridas compulsivamente, como uma narrativa fixada que não cede espaço para novos relatos sem que a consciência a visite e a transforme pelo poder do autoamor.

Em cada relação, seja ela de casal, seja de amizade, seja profissional, somos tocados em pontos de vulnerabilidade – os espinhos ocultos na carne – e reagimos sem nos dar conta da dor original ou, ainda que conscientemente, sem domínio de nós mesmos para evitar as projeções da nossa dor no outro.

Feridos, agitamo-nos e nos distraímos com as ilusões dos vícios e das compulsões, na tentativa de fugir da dor, ou permanecemos recolhidos, tentando nos ocultar do mundo na vivência solitária da dor não verbalizada, rugindo forte para expressarmos o descontentamento e a impotência diante daquilo que se impõe e se manifesta em forma de angústia, ansiedade, falta, vazio, insatisfação, irritabilidade ou depressão, dentre tantas outras expressões da dor interior.

Pouco a pouco, os desencontros da vida a dois, as insatisfações interpessoais e o insucesso em estabelecer vínculos saudáveis profundos e duradouros deixam claro que, se não nos curarmos daquilo que nos feriu, terminaremos por "sangrar" continuamente em cima de quem não nos machucou.

Felizmente, a vida nos oferta muitos ratinhos pelo caminho que não se intimidam ou ficam paralisados com as ameaças dos rugidos, aportando socorro e ajuda no trajeto para a autocura.

Por vezes, as circunstâncias do que escolhemos viver em família, na espiritualidade ou com amigos retiram espinhos ocultos, trazendo alívio inesperado e esperança. Frequentemente, o espelho relacional nos devolve a percepção de nossas vulnerabilidades, convidando-nos a lançar luz e consciência aos espinhos que nos compete retirar, por nós mesmos, e às feridas que nos cabe cuidar e limpar, para que a cicatrização aconteça.

Em todo caso, sair de nossa caverna pessoal escura para a luz, nutrindo a pulsão de vida que nos move para o mais, requer percepção, decisão e atitude, movimentos que compõem a tríade da solução dos desafios existenciais.

Estimular você a seguir esse percurso de consciência e libertação pessoal é o que me proponho com esta obra.

Desejo que nestas linhas você encontre luz que ilumine a caverna, mão amiga que retire algum espinho, bálsamo para suas feridas e alívio interior que renove a esperança, para que possa respirar fundo e ganhar ainda mais ânimo e coragem para dar passos decisivos em direção a si mesmo, para ser o que deseja ser, bem como à vida e às relações afetivas e sadias que você escolher construir.

HÁ MUITAS FERIDAS OCULTAS EM NOSSA INTIMIDADE.

EM CADA RELAÇÃO, SEJA ELA DE CASAL, SEJA DE AMIZADE, SEJA PROFISSIONAL, SOMOS TOCADOS EM PONTOS DE VULNERABILIDADE – OS ESPINHOS OCULTOS NA CARNE.

SAIR DE NOSSA CAVERNA PESSOAL ESCURA PARA A LUZ, NUTRINDO A PULSÃO DE VIDA QUE NOS MOVE PARA O MAIS, REQUER PERCEPÇÃO, DECISÃO E ATITUDE.

DESEJO QUE NESTAS LINHAS VOCÊ ENCONTRE LUZ QUE ILUMINE A CAVERNA, MÃO AMIGA QUE RETIRE ALGUM ESPINHO, BÁLSAMO PARA SUAS FERIDAS E ALÍVIO INTERIOR QUE RENOVE A ESPERANÇA.

Capítulo 1
AS RELAÇÕES ADOECEM DEVIDO AO QUE NÃO É CURADO EM NÓS E NO OUTRO

Se você não processar a dor, ela será transmitida – consciente ou inconscientemente – para os outros, especialmente para aqueles que estão mais próximos de você.
GABOR MATÉ

1

A IMENSA MAIORIA DOS CONFLITOS NAS RELAÇÕES DE CASAL, amizade ou profissional não tem a ver com a relação em si, mas com dinâmicas relacionais construídas sobre as nossas feridas interiores, nossas defesas e reatividades que são projetadas naquela relação, gerando conflitos e danos.

Nossas vulnerabilidades demonstram necessidades emocionais mais profundas não atendidas, áreas de carência e faltas.

Cobranças excessivas, desejo de controle, agressividade, passividade, ciúmes, expectativas exageradas, oferta ou demanda de atenção sem equilíbrio nas trocas são alguns dos indícios de que as feridas emocionais estão no comando da relação.

Em geral, tendemos a projetar no outro a expectativa de que ele seja a solução para uma falta ou uma carência, de que se ocupe daquilo que não conseguimos ou não realizamos.

Na relação de casal, sobretudo, tendemos a encontrar a nossa sombra de maneira mais intensa, vendo no outro aquilo que negamos ou rejeitamos em nós mesmos, inclusive virtudes e potencialidades.

Também nessa relação, tendemos a reproduzir a dinâmica relacional de nossos pais, seus padrões emocionais e afetivos, sua linguagem de amor e suas ausências.

Assim, em caso de insatisfação, briga ou discussão, temos a oportunidade de fazer contato com as feridas infantis que ainda estão ativas em nós e, passado o calor da emoção, com as necessidades reais mais profundas.

Lembro-me de uma senhora que fez um *workshop* de constelação familiar para trabalhar a relação de casal. Seu tema era o desejo de controle exaustivo na relação a dois, o que lhe causava muita insatisfação. Ao serem colocados os representantes para ela, seus pais e seu esposo, logo uma raiva profunda em relação aos pais se revelou, pois ela tinha sido sobrecarregada, na dinâmica familiar, com responsabilidades que não lhe competiam, como cuidar da irmã em virtude da doença mental de sua mãe.

Sua representante manifestou imensa raiva, e ela, ao ver aquela cena, perdeu toda a força de controle e se conectou com a sua vulnerabilidade real mais profunda.

Na realidade, ela trazia uma ferida infantil de injustiça e abandono muito forte devido à sobrecarga que assumiu sem ter condições para tanto, e à falta que experimentou por não receber, como criança, aquilo de que precisava dos pais.

O controle foi a sua defesa imediata, como tentativa de tomar as rédeas em um ambiente de insegurança e fragilidade. Mas ela permaneceu projetando esse mesmo cenário inconsciente na relação de casal e se insatisfazendo.

Por mais que o marido tentasse atender às suas necessidades, não podia satisfazê-la, pois a fome real não era de controle, e, sim, de entrega ao amor dos pais.

Quando ela pôde ver isso, pôde também se mover na direção dos genitores, buscando voltar ao seu lugar na ordem familiar, internamente, e, consequentemente, abrandar a dinâmica de casal, permitindo, por exemplo, ser cuidada e receber com equilíbrio, ser amada em vez de obedecida.

Já o marido, que também estava presente e havia aceitado trabalhar-se, igualmente trazia uma dinâmica de distanciamento do pai, o qual via como fraco, e de forte vínculo com a mãe, guardando na intimidade uma ferida em seu masculino pelo frágil vínculo com o pai e pela excessiva expectativa de satisfação na iniciativa ou no comando feminino. Havia se habituado a depositar seu valor e sua segurança na condução da mulher, e não em si próprio.

Naturalmente, o casal se complementava, não somente no desejo e na química, mas também nas faltas e na dinâmica construída a partir de reatividades e defesas. Funcionava para eles, mas a um alto preço. Sem a possibilidade de olhar para as feridas reais, o casal permaneceria lidando com projeções, cobranças e insatisfações com um grande custo emocional.

Desse exemplo se depreende que, para vivermos a liberdade em nós mesmos e na relação a dois, é preciso se conscientizar e perceber as feridas infantis que seguem ativas em nós, bem como as dinâmicas e propostas relacionais que construímos a partir delas.

A IMENSA MAIORIA DOS CONFLITOS NAS RELAÇÕES DE CASAL, AMIZADE OU PROFISSIONAL NÃO TEM A VER COM A RELAÇÃO EM SI, MAS COM DINÂMICAS RELACIONAIS CONSTRUÍDAS SOBRE AS NOSSAS FERIDAS INTERIORES, NOSSAS DEFESAS E REATIVIDADES QUE SÃO PROJETADAS NAQUELA RELAÇÃO, GERANDO CONFLITOS E DANOS.

Capítulo 2

FERIDAS INFANTIS E EFEITOS NA VIDA ADULTA

As experiências traumáticas da infância não resolvidas podem se manifestar na vida adulta como padrões de comportamento disfuncionais e problemas emocionais.
JOHN BRADSHAW

2

TODOS TRAZEMOS DENTRO DE NÓS UMA CRIANÇA INTERIOR FERIDA com suas queixas, necessidades e dores.

Ela é uma parte afetiva e psíquica importantíssima que pertence ao nosso albergue interior, o qual abriga muitos moradores, e que segue ativa durante toda a vida, frequentemente no comando de nossas relações.

Joan Garriga, psicólogo e constelador espanhol, diz que nossas crianças interiores feridas são tirânicas e proféticas. Isso porque a sua dor tende a se impor e a se perpetuar em ciclos de repetições compulsivas, tiranizando a intimidade involuntariamente e profetizando que o futuro será sempre a repetição do passado. Falaremos disso no próximo capítulo.

Feridas infantis são consequências naturais das relações e circunstâncias experimentadas com pais, ambiente, história, narrativa e dinâmicas familiares. Todos as temos; alguns de nós, já conscientes delas, e outros, sem clareza de sua existência e efeitos.

As mais comuns e mais facilmente perceptíveis são abandono, rejeição, traição, injustiça, humilhação e violência.

Elas podem advir de eventos traumáticos que efetivamente lesaram a criança interior ou de interpretações que não necessariamente correspondem à realidade, mas que foram assim sentidas pela criança que as vivenciou.

Por exemplo, uma criança ficou afastada da mãe por tempo significativo porque ela trabalhava muito e tinha pouco tempo disponível, ou estava ocupada com muitos filhos, com uma doença mental ou com sobrecarga de funções. Embora essa criança não tenha sido abandonada e a mãe previsse suas necessidades fundamentais e as atendesse, ela sentiu ou interpretou aquela experiência como falta ou abandono, o que gerou uma marca afetiva e reatividades consequentes.

Essa mesma situação pode se dar com a criança diante do pai, que viajava toda semana a trabalho e passava pouco tempo em casa, ou que relegava à mãe toda a ocupação com os filhos, em uma dinâmica sexista que atribui às mulheres a responsabilidade com a prole.

As violências efetivas, físicas ou psicológicas, geram marcas na autoimagem e na estima pessoal com fortes e duradouras repercussões.

As feridas também são geradas a partir da dinâmica da ordem familiar, sobretudo quando há inversão e as crianças são colocadas em um lugar na ordem que não lhes corresponde, como o lugar de pais dos pais; de aviãozinho emocional entre os pais que estão sempre conflituosos na relação de casal; como parceiro da mãe ou companheira do pai, no lugar dos genitores que não ocupam esse papel ou não o fazem "a contento" segundo a fantasia dos filhos ou a narrativa familiar; no papel de pai/mãe dos irmãos ou de responsável pela família…

Cada ferida gera uma reatividade defensiva que a criança utiliza como estratégia inconsciente para sobreviver e se adaptar àquele ambiente hostil que, todavia, não é sempre percebido como tal.

Essas máscaras ou defesas egóicas geram padrões comportamentais que costumam ficar ativos por toda a vida, podendo ser reconhecidos e trabalhados em qualquer estágio da existência, e ser alterados em sua intensidade e manifestação, criando novos referenciais e modelos de conduta.

Em geral, só nos damos conta das feridas e dos padrões defensivos quando chegamos à exaustão emocional, o que frequentemente acontece em um momento de crise ou durante uma doença – resultado desse contexto –, como depressão ou transtorno de ansiedade, que funciona também como um forte chamado à inteireza.

Na linguagem do trauma, as feridas infantis são compreendidas como eventos de sobrecarga emocional que proporcionaram uma ruptura com a integridade do eu e que nos distanciaram de nossa autenticidade.

A psicanálise aponta esse distanciamento como uma fragmentação defensiva:

> Na situação traumática, impossibilitado de tolerar a experiência, de simbolizá-la ou de fugir dela, preservando-se, o sujeito é forçado a cortar de si a parte dele mesmo que está em contato com a realidade da experiência. Então, ele se cliva de uma parte de si próprio essencial à sua identidade, uma parte que passa a ser excluída e enquistada; enfim, a experiência foi "clivada da subjetividade". (Roussillon, 2014, p. 189)

O médico húngaro Gabor Maté, especialista e autor de várias obras sobre trauma, diz que as feridas interiores traumáticas são resultantes de circunstâncias nas quais priorizamos o apego à autenticidade, mas terminamos por nos desconectar dela.

Por exemplo, quando percebemos que o pai era muito bravo e ameaçador e que se agíssemos livremente, de acordo com nossos instintos, seríamos massacrados, então temos o medo como reatividade defensiva e a repressão da espontaneidade como efeito natural. Isso frequentemente gera um padrão de crianças boazinhas que fazem de tudo para agradar aos pais, serem aprovadas e não severamente repreendidas. Mais tarde, na vida adulta, isso também se manifestará em relações como um padrão de carência e de dependência emocional de diferentes gradações.

Embora as feridas sejam resultantes das circunstâncias, seus efeitos traumáticos ou não dependerão do contexto e dos níveis de acolhimento, segurança e amparo experimentados.

Muitas dores são amenizadas porque, junto a realidades difíceis, também eram encontradas experiências amorosas e sustentadoras significativas com outros membros da família, como avós, tios, primos e irmãos.

Então, a experiência traumática não é somente o fato em si, mas, sobretudo, a forma como a situação foi vivenciada e o efeito interno que ela gerou.

O dr. Gabor Maté falou de sua própria vivência como um exemplo. Ele nasceu no final da Segunda Guerra Mundial, quando a Hungria estava ocupada pelas tropas nazistas e os judeus húngaros eram exterminados nos campos de concentração.

Certo dia, devido à forte insegurança, sua mãe o entregou a uma senhora cristã, para que ambos pudessem se esconder adequadamente, e eles ficaram separados por um mês. Ele era só uma criança de poucos meses de idade, mas experienciou isso como forte abandono, embora sua mãe o estivesse amando profundamente e criando condições para a sua sobrevivência. Essa falta o marcou para sempre como um registro que, em constelação, chamamos de entrega do amor interrompido à mãe, que também pode ser lido pela perspectiva da ferida do abandono.

Hoje, quase 80 anos depois, ele ainda percebe o efeito daquela experiência na sua tendência evitativa de criar vínculos e no seu retraimento afetivo, mesmo já tendo trabalhado o tema e sendo professor na área.

Outra fonte importante de feridas são as narrativas familiares – os enredos relacionais e a forma como as pessoas e os destinos são descritos em uma família –, que podem gerar movimentos de contenção, crenças negativas e *scripts* de vida, a depender de sua intensidade e das marcas que geraram.

Em uma família, por exemplo, pode haver uma narrativa feminina que diz: "nesta família todas as mulheres são traídas"; ou "todas as mulheres lutam sozinhas"; ou "todas as mulheres sofrem"... Ou uma narrativa masculina que diz: "nesta família todos os homens traem"; ou "todos os homens vão embora"; ou "todos os homens se viciam e fogem de si mesmos"...

Por pertencimento, as crianças olham interiormente para esse cenário e esse roteiro e dizem inconscientemente: "eu também" ou "eu faço completamente diferente", o que também pode ser lesivo quando essa postura interna representa a defesa de controle para não se vulnerabilizar ou sofrer, por exemplo.

As melhores narrativas familiares, diz Joan Garriga, são "as que ampliam e abrem portas de vida dentro do sistema".

A autonomia da vida adulta permite a cada um reconhecer e ressignificar as narrativas e crenças familiares, ampliando a sua realidade.

Para isso é preciso ter consciência do que chamarei de "ciclo da dor" e de "ciclo da cura".

FERIDAS INFANTIS SÃO CONSEQUÊNCIAS NATURAIS DAS RELAÇÕES E CIRCUNSTÂNCIAS EXPERIMENTADAS COM PAIS, AMBIENTE, HISTÓRIA, NARRATIVA E DINÂMICAS FAMILIARES. TODOS AS TEMOS; ALGUNS DE NÓS, JÁ CONSCIENTES DELAS, E OUTROS, SEM CLAREZA DE SUA EXISTÊNCIA E EFEITOS.

Capítulo 3
CICLO DA DOR
×
CICLO DA CURA

A verdadeira cura acontece através do amor. O acolhimento, a compaixão e a aceitação têm o poder de transformar não apenas nossa perspectiva, mas também nosso corpo e nossa vida.
MARIANNE WILLIAMSON

PARA DAR UMA IDEIA DIDÁTICA DO MOVIMENTO INTERIOR, esquematizei esses ciclos que sintetizam os movimentos de perpetuação da dor (ciclo da dor) e de expansão e alívio interiores (ciclo da cura).

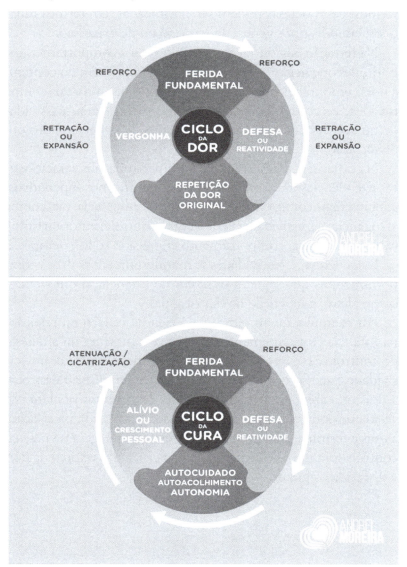

CICLO DA DOR

Diante de uma ferida interior, desenvolvemos escudos, defesas ou reatividades que permitem a nossa sobrevivência e adaptação, ainda que disfuncionalmente ao ambiente e às circunstâncias vividos. Essas defesas podem ser classificadas, em termos didáticos, em dois tipos gerais: de retração ou de expansão.

Na retração ou contração, desenvolvemos comportamentos e atitudes que negam, subtraem, inibem, reprimem ou contêm a nossa espontaneidade e os nossos talentos naturais, tais como: timidez; vergonha; baixa autoestima; menos-valia; passividade ou subserviência, bem como estados de congelamento ou dissociação.

Na expansão, acrescentamos ou hipertrofiamos características e tendências tanto quanto criamos mecanismos superlativos para interagir como a realidade e nos impormos a ela, tais como: arrogância; agressividade; verborragia; controle; autoritarismo; vaidade excessiva; comportamento engraçado todo o tempo…

Essas defesas e reatividades se manifestam em padrões comportamentais que seguem os *scripts* de infância, promovendo, como efeito, a repetição da dor original.

Por exemplo, quem tem uma ferida de traição ou rejeição na infância frequentemente desenvolve a máscara ou a defesa do controle e o expressa por meio de ciúmes excessivos, possessividade, excesso de oferta ou demanda no equilíbrio da troca a dois ou carências afetivas. O efeito dessa tentativa clara ou velada de controle é que a outra pessoa é sufocada na relação a dois e termina por não ficar ou desistir, o que gera na pessoa controladora novo sentimento de rejeição, e um reforço da dor e da ferida originais.

Percebe-se, portanto, que a estratégia desenvolvida para sobreviver à ferida narcísica infantil não é eficaz em prevenir a recorrência da mesma dor ou a origem de novas dores, mostrando-se útil na defesa, mas não no estabelecimento de novos vínculos.

Outra situação que aí também se apresenta são as cicatrizes das feridas originais, que não trazem a dor ativada, mas, sim, a insensibilidade dos tecidos que resultaram da ferida original. O tecido cicatricial é rígido, sem terminações nervosas e tem como característica a incapacidade de sentir estímulos tal qual uma zona saudável da epiderme. O efeito disso na vida de relação é uma falta de percepção dos próprios sentimentos ou dos sentimentos do outro, gerando desencontros ou impossibilidades de vínculo, o que também faz reviver a dor original.

Quando a dor infantil é revivida em novos relacionamentos, ela frequentemente reativa a dor profunda e o efeito é sinérgico, ou seja, soma-se à dor atual com reatividade superlativa ou exagerada.

O efeito disso é a vergonha diante da repetição da dor e a frustração por não conseguir construir novas realidades. Novamente, diante da vergonha há reações de retração ou de expansão/hipertrofia. Na retração, a pessoa se fecha em sua dor, e em solidão, isolamento, angústia ou tristeza profunda. Na hipertrofia, tenta alienar-se de si mesma, fugir da dor e da vergonha, anestesiar-se ou se impor à dor com maior tentativa de controle ineficaz. Todos esses movimentos sustentam e perpetuam a ferida original, fechando e reforçando o ciclo de dor que se mantém ativo em novas configurações mas com os mesmos efeitos.

CICLO DA CURA

O que o diferencia do ciclo da dor é que, além do reconhecimento da ferida original, a pessoa se dá conta das defesas e reatividades que desenvolveu, dos próprios padrões comportamentais e do ciclo de repetição doloroso no qual está inserida. Comumente isso acontece após o cansaço dos ciclos de repetição e insucessos relacionais, que levam a pessoa a buscar a ampliação da consciência sobre si mesma.

Esse autoconhecimento libertador oferta a possibilidade de fazer uma alteração essencial, introduzindo o acolhimento e o cuidado de si mesmo como estratégias transformadoras.

Em vez de deixar os padrões atuarem automática e livremente, a pessoa comprometida com o movimento autocurativo adota consigo uma postura amorosa e terna, de abraçar a sua vulnerabilidade, de olhar com compaixão para a sua dor infantil, de assentir a sua história e seus personagens, de acolher a sua criança ferida, ofertando a ela, agora, o que ainda precisa, sem julgamentos morais ou críticas.

Essa postura de autocuidado e afeto ativada pelo adulto interior, pela instância madura do ego e pelo *self*, o centro da consciência, promove o desenvolvimento da autonomia e do poder pessoal, sustentando relações possíveis e nutritivas.

Naturalmente, as defesas e reatividades estão aí também, ativas, mas gerenciadas pelo centro da consciência e atenuadas pelas posturas de disciplina e direcionamento interior, de forma que o resultado é o estabelecimento de dinâmicas relacionais aliviadoras e suportivas em vez de sobrecarregantes e reativadoras da dor original.

O autocuidado conduzido pelo autoamor permite que cada um busque com consciência aquilo de que verdadeiramente necessita.

No caso do controle, citado anteriormente como defesa da ferida do abandono, a pessoa imbuída do acolhimento de si converte a potência de iniciativa do controle em decisões amorosas em relação a si mesma, manejando a expressão do controle e atenuando os seus efeitos. Ao mesmo tempo, a amorosidade conduz a um profundo compromisso consigo mesma, sem autoabandono, diminuindo a pressão do que se espera do outro e da relação.

O efeito dessas posturas de autonomia é o alívio da dor original, o abastecimento do coração e a atenuação da ferida infantil que promovem cicatrização e regeneração nos tecidos da alma.

O ciclo da dor é automático, é consequência das circunstâncias e estratégias de adaptação e sobrevivência. Já o ciclo da cura precisa ser ativado e desencadeado por estratégias de responsabilização pessoal e expansão da consciência.

Quando permanecemos fixados no ciclo de dor, com as feridas ativas, sangramos em todas as relações.

A boa notícia é que sempre é tempo de autocuidado e autocura, o que começa com a firme decisão de dizer "sim" a si mesmo e de se comprometer com um percurso de acolhimento e cuidado amoroso da criança interior, que resultam no desenvolvimento da autonomia e do poder pessoal.

SÓ HÁ TRANSFORMAÇÃO REAL PELO PODER DO AMOR.

Capítulo 4

RECONHECENDO AS FERIDAS INFANTIS, AS DEFESAS DO EGO E OS MOVIMENTOS DE SOLUÇÃO

Até que você torne o inconsciente consciente, ele dirigirá sua vida e você o chamará de destino.
CARL GUSTAV JUNG

4

AS FERIDAS INFANTIS MAIS COMUMENTE RECONHECIDAS E estudadas são seis: rejeição, abandono, injustiça, humilhação, violência e traição.

Todas elas surgem na infância, assim como as defesas para sobreviver a elas, gerando padrões de comportamento e afetivos que estarão ativos durante toda a existência em diferentes níveis e manifestações.

Ao longo da vida, novas feridas surgem, gerando novas defesas ou comportamentos. No entanto, boa parte delas são reativações das feridas infantis, ou a agudização da sua dor.

O médico húngaro-canadense Gabor Maté, profundo estudioso do trauma infantil e suas consequências, comenta que, dentre os soldados que vão para a guerra, somente uma pequena porcentagem desenvolve o transtorno de estresse pós-traumático. Essas são exatamente as pessoas que trazem feridas infantis proeminentes. Ou seja, a dor e o trauma atuais se desenvolvem e crescem no terreno de traumas antigos e não integrados ou resolvidos que deixaram zonas importantes de vulnerabilidade na personalidade atual e na maneira de responder aos estímulos estressores do presente.

Vamos analisar cada uma das feridas infantis e suas defesas (retração e expansão) conforme descrevemos no capítulo anterior, percebendo que cada ferida representa não só a dor primal, mas também o convite profundo da vida para o trabalho interior que nos compete.

O esquema a seguir representa um resumo das feridas e suas defesas. É uma ampliação daquele apresentado pela filósofa Lise Bourbeau a partir de longa observação humana em sua obra "As cinco feridas emocionais",[2] na qual ela descreve as feridas e

---

2. Bourbeau, 2017, capítulo 1, p. 14.

uma máscara – defesa – específica para cada uma delas. Julguei importante acrescentar, pela minha percepção das pessoas em vinte anos de prática clínica na medicina e nas atividades terapêuticas em grupo, que as defesas não são únicas para cada ferida, pois dependem do movimento interior de expansão ou contração do afeto, que gera diferentes respostas e características de personalidade. Além disso, acrescentei ao esquema o movimento de solução ou trabalho interior aos quais a vida nos convida em cada caso, sintetizados em uma frase ou um mantra.

FERIDA	DEFESA	SOLUÇÃO
1) REJEIÇÃO	FUGA / CONTROLE	EU ME ACEITO E ME ACOLHO
2) ABANDONO	DEPENDÊNCIA / AUTOSSUFICIÊNCIA	EU ME FAÇO PRESENTE PARA MIM
3) INJUSTIÇA	RIGIDEZ / AUTORITARISMO	EU ME FAÇO FLEXÍVEL / EU SOU JUSTO COMIGO
4) HUMILHAÇÃO	MASOQUISMO / SERVIDÃO	EU ME RESPEITO
5) VIOLÊNCIA	PASSIVIDADE / AGRESSIVIDADE	EU ESTABELEÇO LIMITES E AFIRMO A MINHA DIGNIDADE
6) TRAIÇÃO	EVITAÇÃO / CONTROLE	EU SOU FIEL A MIM MESMO

FERIDA DE REJEIÇÃO

A ferida infantil da rejeição é uma das marcas emocionais mais profundas que uma pessoa pode carregar. Ela se forma na infância, quando a criança percebe ou interpreta, de forma consciente ou inconsciente, que não é aceita, desejada ou valorizada em sua essência.

Isso pode começar no ventre, quando o bebê em formação já capta, por meio dos hormônios e do vínculo com a mãe, os sentimentos dela e os conflitos que ela vivencia diante da gestação ou dos relacionamentos.

O psiquismo fetal em formação registra o que é vivenciado pela mãe, a presença ou não do pai e a qualidade dessa presença, as emoções e os sentimentos etc. Tudo isso se manifestará mais tarde como vínculos excessivos de dependência ou de rejeição em relação à mãe ou ao pai; aí começam também as manifestações dos emaranhamentos sistêmicos, das dificuldades de relacionamento, de tomar o amor dos pais, tal como demonstra a constelação familiar.

A percepção de rejeição pode surgir em situações em que há falta de atenção, críticas constantes, afastamento emocional dos pais ou cuidadores ou até na sensação de que suas necessidades emocionais não foram acolhidas.

O dr. Gabor Maté comenta, em uma entrevista a um podcast, que "o amor sentido pelos pais não se traduz automaticamente em amor sentido pela criança". O amor precisa ser manifestado por meio do cuidado, da declaração (verbal/escrita/comportamental), da atenção às características e necessidades da criança e ao seu desenvolvimento.

Outra fonte da ferida de rejeição é a percepção da criança ou do adolescente de uma orientação afetivo-sexual homossexual ou uma orientação de gênero diferente daquela que lhe foi atribuída no nascimento (transgênero). Essa percepção é rapidamente reprimida, seguindo a rejeição de uma cultura e de uma família centradas na heterossexualidade e na cisgeneridade como modelos exclusivos de normalidade, bem como a vontade de se adaptar ao que os pais consideram certo e adequado.[3]

Vivi isso e conheço essa sensação intensamente.

Embora sempre tenha tido pais muito amorosos e cuidadosos, lutei para não aceitar minha orientação homossexual e rejeitei quem sou silenciosamente até os 21 anos de idade, o que impactou fortemente a minha vida e a minha personalidade.

A defesa de retração da ferida de rejeição é a fuga, e a de expansão é o controle.

Na fuga, a pessoa que se sente rejeitada evita relações, cultivando uma má imagem de si mesma, baixa autoestima e a volta contra si da energia de raiva diante da ferida original e da impossibilidade de dirigi-la aos pais ou aos cuidadores.

No controle, a pessoa que se sente rejeitada tenta segurar entre os dedos e sob seu comando aqueles e aquilo que ama ou que deseja, no esforço hercúleo de não experimentar novamente a rejeição.

Esses mecanismos de defesa, como todos, são ineficazes em sua totalidade e terminam por levar a pessoa ao isolamento e a ficar presa em si mesma, ou enrijecida no controle e distante da troca afetiva legítima e equilibrada, o que leva, como já dissemos, a um reforço da dor original.

---

3. Abordo esses temas detalhadamente nos meus livros *Homossexualidade sob a ótica do espírito imortal* (Ame & InterVidas, 2024) e *Transexualidades sob a ótica do espírito imortal* (Ame, 2017).

O convite da vida para quem se sente assim é para o autoacolhimento e a autoaceitação, sem autorrejeição. "Eu me acolho e eu me aceito, tal como sou" é o mantra interior que deve guiar o buscador da paz que se sente rejeitado.

*

Parece paradoxal mas é o caminho: dar-se aquilo que lhe faltou.

Essa é a grande autonomia da vida adulta e a marca do desenvolvimento pessoal.

Naturalmente, essa não é uma tarefa simples nem fácil, nem mesmo rápida, porém, é fundamental de ser buscada com afinco e determinação.

FERIDA DE ABANDONO

A ferida infantil de abandono é uma marca emocional profunda que surge na infância quando a criança experimenta ou percebe uma ausência de cuidado, atenção ou presença emocional por parte das pessoas de quem depende, geralmente pais ou cuidadores.

Essa ferida está associada ao medo de ficar só, à sensação de não ser importante ou de não merecer amor. É uma das experiências mais desafiadoras porque, na infância, a sensação de abandono pode ser vivida como uma ameaça direta à sobrevivência.

O ser humano é um mamífero que nasce completamente vulnerável e depende absolutamente do calor e do cuidado da mãe e do clã para sobreviver.

O vínculo com a mãe é o mais primordial e importante, e a ferida de abandono naturalmente aparece quando a criança é privada da amamentação, do cuidado ou da convivência com a mãe, quando esta trabalha muito, está doente ou ausente fisicamente. Essa ferida também pode surgir no contexto de conflito entre os pais, como casal, ou em decorrência da morte de um deles.

Frequentemente, o sentimento de abandono surge de situações nas quais não houve abandono, mas que foram sentidas pela criança como tal, diante de uma ameaça ou de um desafio.

O dr. Gabor Maté comenta frequentemente em suas palestras que "uma criança não se traumatiza por sofrer, mas por ser deixada desamparada em seu sofrimento".

Muitos pais machistas obrigam os filhos a enfrentarem seus medos de forma a negar os riscos ou enfrentá-los de forma agressiva, o que é sentido como abandono diante do sofrimento. Isso acontece quando o pai, com essa perspectiva e no afã de ensinar o filho a nadar, joga-o no rio ou na piscina sem proteção e sem que ele saiba nadar, para que, no "sufoco", aprenda na marra e se desenvolva. O resultado disso é um registro de violência e de abandono diante do sofrimento, que gerará uma defesa de pânico ou de agressividade, quando não dos dois ao mesmo tempo.

A defesa de retração da ferida de abandono é a dependência, e a de expansão é a autossuficiência, que é uma das manifestações do controle.

Na dependência, a pessoa retraída no seu afeto se sente desprovida de condições de autossustentação, necessitando absolutamente do outro para preenchê-la, guiá-la ou ser companhia. Conheci uma pessoa que tinha crises de ansiedade extremas toda vez que o marido viajava, por medo de ser traída ou de perdê-lo, mesmo sem ter razões objetivas para isso. Ela foi afastada da mãe quando criança e desenvolveu fortemente o núcleo de abandono e a dependência como defesa. A pessoa dependente frequentemente tem medo da solidão, se autossabota nos seus planos pessoais e tem dificuldade em estabelecer limites claros nas relações.

Na autossuficiência, a pessoa expandida em sua defesa tenta evitar a todo custo o abandono, indo para o polo extremo do "eu não preciso de nada nem de ninguém". Esta é claramente uma defesa de sobrevivência, pois, diante da falta, a pessoa hipertrofiou o senso de dever, de valor e de força para não sucumbir. No entanto, com o tempo, a hipertrofia vira um grande "inchaço" que não permite que nada penetre. O autossuficiente se sente isolado, abandonado e só.

O convite da vida nesse caso é para estar presente, na forma de afeto abastecedor. "Eu me faço presente para mim" e, consequentemente, "eu não me abandono"; esse é o mantra desse buscador da vida.

FERIDA DE INJUSTIÇA

A ferida infantil de injustiça é uma marca emocional que surge na infância quando a criança percebe que foi tratada de maneira desproporcional, rígida ou indiferente, especialmente por figuras de autoridade como pais ou cuidadores.

Essa ferida está relacionada a experiências em que a criança sente que não foi valorizada, reconhecida ou respeitada em suas necessidades e emoções. Em geral, ela vem acompanhada do sentimento de abandono e se desenvolve em ambientes em que prevalecem padrões de perfeccionismo, frieza emocional ou altas expectativas.

Ambientes familiares rígidos, falta de validação emocional, expectativas irreais sobre a criança, comparações constantes e desvalorizações de afetos podem originar essa ferida em particular.

A ferida de injustiça costuma se formar em contextos em que a criança sente que não há equilíbrio entre o que ela oferece e o que recebe, o que pode ser também a fonte do futuro desequilíbrio entre o dar e o receber nas relações na vida adulta.

Quando as emoções da criança são ignoradas, minimizadas ou desqualificadas, ela pode sentir que sua experiência não importa, o que gera tanto a ferida de injustiça quanto a de rejeição.

Muitas brincadeiras em casa, em que há comparação com os irmãos ou primos, ou a percepção de favoritismo pelos pais, pode gerar essa ferida. Ser comparado com irmãos, colegas ou outras crianças cria uma sensação de desvalorização, que gera o sentimento de "nunca ser bom o suficiente".

A defesa de retração da ferida de injustiça é a rigidez, e a de expansão é o autoritarismo.

A pessoa rígida tem valores, crenças e comportamentos que se mantêm de forma permanente dentro de um padrão de comportamento previsível, controlado, justo, com frequentes frieza emocional e perfeccionismo. Comumente, ela tem dificuldade de aceitar elogios e resistência a demonstrar vulnerabilidade. Um senso interno de severidade deixa o universo interior árido e permanentemente desconfortável.

Lembro-me do comentário de uma pessoa quando soube que passei no vestibular de medicina. Enquanto todos celebraram comigo a conquista e me parabenizaram, ela me olhou com a severidade que possivelmente escondia a inveja e o dedo em riste, dizendo: "Lembre-se de que não fez mais do que a sua obrigação". O efeito em mim foi o de murchar instantaneamente, como se não tivesse o direito de celebrar uma conquista. Ainda hoje lembro disso com tristeza. Aquela fala reforçou a minha rigidez interna e a ferida de injustiça. Aquela pessoa ignorava que, apesar de todos os meus privilégios, precisei me esforçar para além do que já havia vivido até então. Foi muito difícil passar em medicina, sobretudo em uma universidade federal, a UFMG, altamente concorrida, sem uma base escolar suficiente para isso. Tive que me superar muitas vezes. Na minha baixa autoestima, eu não acreditava ser capaz de fazer isso, nem em meus melhores sonhos. Tive de enfrentar crises importantes de ansiedade e fortes sensações de incompetência e de menos-valia. Hoje me alegro por não ter desistido. Sim, aquela conquista mereceu ser celebrada, como toda vitória. O cumprimento do dever também merece reconhecimento justo.

A pessoa autoritária cobra de tudo e de todos que sejam a manifestação de seus desejos e vontades, tentando impor a sua ordem de forma a "ordenar" seu universo em torno da sua satisfação narcísica. Essa expressão do controle tenta "fazer justiça" e preencher o universo interno vazio de senso de valor real, preenchido pelo sentimento de inferioridade.

O convite da vida nesse caso é para o desenvolvimento da flexibilidade. "Eu me faço flexível" e "eu sou justo comigo" são mantras preciosos para esse buscador da justiça.

O caminho é o do acolhimento da sombra e da vulnerabilidade pessoal, do desenvolvimento de autocompaixão e, sobretudo, do reconhecimento das emoções e dos sentimentos reais, bem como aquilo de que verdadeiramente necessita em cada situação.

Ser justo na medida exata, com flexibilidade e afeto, dando a si mesmo o real valor, pode trazer preenchimento interior a quem carrega essa ferida no coração.

FERIDA DE HUMILHAÇÃO

A ferida de humilhação pode surgir em diversas circunstâncias, especialmente quando a criança é submetida a experiências que minam o seu senso de valor pessoal, tais como críticas excessivas, perfeccionismo dos pais, comparações, exposição ao ridículo e superproteção materna ou paterna.

Quem é machucado na ridicularização de suas características e de sua imagem pessoal naturalmente se sente humilhado. No entanto, quem se sente superprotegido também, pois a superproteção é uma falta de confiança na capacidade da pessoa, bem como uma desvalorização da sua dignidade e de seu direito a desenvolver-se e conquistar seu espaço.

O dr. Gabor Maté comenta em suas palestras que "as crianças não precisam que seus pais sejam perfeitos, mas que sejam suficientemente presentes para validar seus sentimentos e experiências".

A validação gera autoestima segura e a crítica excessiva, os sentimentos de injustiça e humilhação.

A defesa de retração do humilhado é o masoquismo, e a de expansão é a servidão.

O masoquista traz na alma o sentimento de merecer o desvalor e o desprestígio, e a permanente predisposição a ser lixeira para o lixo do outro. Ao se colocar em uma posição de inferioridade, de profunda baixa autoestima e desmerecimento, acaba por atrair e permitir situações abusivas e novamente humilhantes, que sempre confirmam o senso interior de indignidade pessoal.

A servidão é um estado de submissão ou sujeição em que uma pessoa serve à outra sob condições opressivas ou coercitivas, com sacrifício excessivo de sua autonomia e de sua dignidade, por incapacidade de negar, reagir, ou pelo desejo de se sentir amada. Diferencia-se do "ser servidor", pois este é um ato voluntário de se colocar à disposição de alguém ou de uma causa maior com o objetivo de contribuir, ajudar ou apoiar. Diferentemente da servidão, servir implica liberdade de escolha e um senso de propósito muitas vezes associados a compaixão, altruísmo ou comprometimento.

Quem é servil não é servidor.

O caminho para o servir passa necessariamente pelo respeito a si e ao outro, não pelo temor ou pela humilhação.

O convite da vida nesse caso é para que a pessoa desenvolva amor, respeito e compaixão por si mesmo. "Eu me respeito" é o mantra de dignidade desse buscador do real servir.

FERIDA DE VIOLÊNCIA

A ferida de violência se conecta muito com a de humilhação, mas elas são diferenciadas porque a ferida infantil de violência é um trauma emocional e psicológico causado por experiências de agressão física, verbal, emocional ou sexual durante a infância.

Essas vivências podem ocorrer em contextos familiares, escolares ou sociais e deixam marcas profundas no desenvolvimento emocional, na autoestima e na capacidade de estabelecer relações saudáveis.

Ela pode surgir em situações em que a criança é exposta a comportamentos agressivos ou ameaçadores, tais como violência verbal ou física, bem como a situações de violência entre os pais, em brigas domésticas.

As consequências mais comuns dessa ferida são baixa autoestima, raiva inibida ou explosiva, sentimento de culpa, medo e inseguranças.

O dr. Gabor Maté ensina, em uma entrevista a um podcast, que "uma criança traumatizada não pergunta o que está errado com os adultos ao seu redor; ela pergunta o que há de errado com ela mesma".

As feridas de violência produzem, por sua vez, profundas feridas nos sentimentos de valor e de dignidade pessoal.

A defesa de retração da ferida de violência pode ser sintetizada na palavra "passividade" e a de expansão, na palavra "agressividade".

A pessoa passiva aceita tudo, submete-se a tudo, permite que os outros a invadam e a usem sem demonstrar capacidade de reação ou de defesa pessoal. Termina por ser abusada física e psicologicamente, repetindo a violência consigo, frequentemente desenvolvendo transtornos ansiosos, fóbicos e pânico.

A pessoa agressiva expressa inadequada e desmesuradamente a sua raiva e termina por ser abusiva e invasiva, repetindo a violência da qual foi vítima ou testemunha.

A criança abusada, violentada, que não se paralisa no medo e busca refúgio nos adultos, tem a expectativa de ser acolhida, validada e protegida. Se os adultos não acreditam nela – pela própria incapacidade de lidar com aquele conteúdo ou aquela dor – e a desmentem ou a desacreditam, tratando o relato como mentira ou fantasia, ou, pior ainda, agredindo-a por isso, a criança introjeta a culpa e passa a se autoagredir e a se autopunir.

Esse comportamento será reproduzido ao longo da vida. Por isso, frequentemente encontramos a ferida da violência por trás do alcoolismo e da drogadição, que são doenças e comportamentos autodestrutivos.

O convite da vida nesse caso é para o desenvolvimento de limites claros alicerçados no autoamor. "Eu estabeleço limites com autoamor" é o mantra para esse buscador da paz.

Limites para consigo mesmo, por meio do autoconhecimento e do autodomínio. Limites para o outro, na vida de relação, estabelecendo a paz.

O trauma pode ser a origem da dor, mas a cura é a origem do crescimento.

FERIDA DE TRAIÇÃO

A ferida infantil de traição é um trauma emocional que surge quando a criança sente que a confiança que depositava em alguém importante, geralmente uma figura de cuidado (como pais ou cuidadores), foi quebrada.

Essa experiência afeta profundamente a maneira como a pessoa enxerga o mundo, os outros e a si mesma, e gera dificuldades em confiar, controlar e se relacionar na vida adulta.

Ela geralmente ocorre em situações nas quais a criança sente que suas expectativas de segurança, proteção e fidelidade não são atendidas, tais como promessas não cumpridas, infidelidades entre os pais, sobrecarga precoce de responsabilidades, quebra de confiança, abuso de poder ou favoritismo.

É muito comum que essa ferida decorra de situações em que os pais prometeram algo e não cumpriram, como a de um genitor divorciado que avisa que vai buscar e não aparece, ou do que faz a promessa de uma vantagem em troca de um favor e não a cumpre.

Os resultados disso são a dificuldade de confiar, o medo do abandono, o sentimento de traição, o ressentimento.

A defesa de retração da ferida de traição é a evitação, e a de expansão é o controle. Essas defesas são bem parecidas com as da ferida de rejeição (fuga e controle), pois quem se sente traído frequentemente se sente rejeitado, e vice-versa.

A evitação, postura de afastar-se da vida de relação mais autêntica e profunda, com dificuldade de estabelecer laços afetivos, pretende evitar que a pessoa tenha novamente o sentimento de traição. No entanto, não se permitir o envolvimento com ninguém é uma profunda forma de autotraição, e de negação das necessidades pessoais de afeto e de troca. Negar-se ao envolvimento é negar-se ao crescimento, pois só se desenvolve quem se envolve. É no desafio do estabelecimento da confiança e das bases seguras de uma relação que somos confrontados com os reais sentimentos de nossa estima pessoal e de nossa habilidade de comunicação e relacionamento com o outro.

O controle é defesa neurótica que visa ter tudo sob domínio. Ele se baseia na ilusão de que é possível comandar o outro e sustenta dinâmicas relacionais de dependência e fingimento, sem vínculo profundo.

O convite da vida nesse caso é para o desenvolvimento da consciência do real valor de si mesmo e para a fidelidade a si. "Eu sou fiel a mim mesmo" é o mantra desse buscador do afeto.

A ferida de traição, embora dolorosa, pode ser um catalisador para o autoconhecimento e para a maturidade emocional.

Trabalhar essa ferida permite desenvolver maior resiliência, empatia e discernimento para construir relações baseadas em confiança mútua e amor genuíno.

AS FERIDAS INFANTIS MAIS COMUMENTE RECONHECIDAS E ESTUDADAS SÃO SEIS: REJEIÇÃO, ABANDONO, INJUSTIÇA, HUMILHAÇÃO, VIOLÊNCIA E TRAIÇÃO.

TODAS ELAS SURGEM NA INFÂNCIA, ASSIM COMO AS DEFESAS PARA SOBREVIVER A ELAS, GERANDO PADRÕES DE COMPORTAMENTO E AFETIVOS QUE ESTARÃO ATIVOS DURANTE TODA A EXISTÊNCIA EM DIFERENTES NÍVEIS E MANIFESTAÇÕES.

CADA FERIDA REPRESENTA NÃO SÓ A DOR PRIMAL, MAS TAMBÉM O CONVITE PROFUNDO DA VIDA PARA O TRABALHO INTERIOR QUE NOS COMPETE.

Capítulo 5
DA DOR ORIGINAL À CICATRIZAÇÃO

Você não pode curar aquilo que se recusa a sentir.
EDITH EGER

5

DIANTE DO ENUNCIADO DIDÁTICO DE TODAS ESSAS FERIDAS, podemos reconhecer que, frequentemente, carregamos mais de uma ou até mesmo todas elas em uma mesma experiência, embora uma delas sempre predomine, sendo a central ou a dor primal original.

As feridas são marcas permanentes, que serão atenuadas ou curadas no tempo, gerando cicatrizes. No entanto, é imperioso reconhecer que:

Toda ferida dói

Todas as pessoas trazem consigo angústias, medos, inibições ou expansões dolorosas que atestam que a ferida ali está, tal como alguém que rapidamente reage diante do toque em uma região sensível. No caminho da construção do autoconhecimento, podemos começar a tomar consciência das feridas ativas em nós observando nossas reatividades e impulsos (mentais, emocionais e físicos).

Toda ferida sangra

Toda dor tem um papel na construção da personalidade e manifestará efeitos na vida de relação. Quando não estamos conscientes das defesas e dos padrões relacionais que desenvolvemos, terminamos por afetar as relações à nossa volta com a sobrecarga de nossas dores, seja desejando que se ocupem delas, seja suportando o efeito delas. Só as feridas abertas permanecem sangrando. Cicatrizar é tarefa no tempo a partir do autocuidado.

Todo corpo guarda memória

Observando nosso corpo, podemos perceber que ele traz a marca de nossa história. Wilhelm Reich, psiquiatra e psicanalista, introduziu o conceito de couraça muscular, que se refere a um conjunto de tensões crônicas no corpo que se formam como uma defesa inconsciente contra emoções dolorosas, traumas e experiências reprimidas. Reich acreditava que as experiências emocionais não resolvidas ficam "armazenadas" no corpo, manifestando-se em forma de rigidez ou tensão muscular em áreas específicas. Essa rigidez, essa tensão, serve para proteger a pessoa contra o sofrimento emocional, impedindo que sentimentos dolorosos, como raiva, tristeza ou medo, sejam plenamente expressados ou vivenciados. Muitas couraças começam a se formar na infância, quando a criança reprime emoções para atender às expectativas dos cuidadores ou evitar punições. No meu caso, em particular, percebo que desenvolvi retrações musculares na parte posterior das coxas como efeito do profundo medo de ser eu mesmo e de rejeição e repressão da minha real orientação sexual. Até hoje, aos quase 50 anos de idade, lido com as memórias no corpo e a necessidade de me alongar e desenvolver flexibilidade corporal. A percepção das marcas no corpo, portanto, podem ajudar na identificação das feridas e seus efeitos.

Toda ferida pode ser curada

Quando expandimos o conceito de cura para desenvolvimento pessoal e expansão interior, podemos afirmar que toda ferida pode ser curada. Isso não significa o desaparecimento das defesas, dos impulsos, dos padrões ou dos sintomas, mas uma autorregulação eficaz que permite a fruição da vida com a harmonia possível em cada fase e em cada momento dos desafios existenciais.

Fazendo a limpeza das feridas interiores

Para que o caminho da cura interior seja nutrido, devemos começar pela limpeza das feridas, ressignificando o contexto, as circunstâncias e o sentimento primal a partir da mudança de olhar e de interpretação.

Diante do sentimento de indignidade no abandono ou na rejeição, podemos limpar o terreno, afirmando para nós mesmos "eu sou digno, merecedor de amor e compaixão". Ou, diante do sentimento de desvalor e de menos-valia na humilhação ou na violência, podemos dizer "eu sou digno e valoroso aos olhos do amor".

Limpar o terreno também implica lançar novos olhares para pai, mãe e cuidadores, reconhecendo que eles também são crianças feridas, filhos de crianças feridas e netos de crianças feridas, em uma sucessão sistêmica de dores que pode ter fim em nós. Isso é a água da compaixão que lava as feridas interiores.

Medicando a dor das feridas

Após a limpeza, precisamos nos dar as medicações necessárias para aplacar o sofrimento interior. Lembro-me de uma época da minha vida em que me olhar no espelho era difícil, pois eu sentia vergonha de mim mesmo nos efeitos de autorrejeição diante da ferida de rejeição que eu sentia. Por um tempo, tive que me encarar decididamente nos olhos e limpar o terreno com afirmações positivas que, pouco a pouco, foram amenizando a minha dor.

No entanto, a dor pode ser muito eficazmente manejada com recursos psicoterápicos variados, cuidados médicos, tais como homeopatia, e espirituais, como desenvolveremos adiante.

Fazendo o curativo

Uma vez limpo o terreno e medicada a dor, precisamos ter consciência de que as feridas levam tempo para fechar, mesmo quando são bem cuidadas. Isso requer que as mantenhamos com curativos permanentes para que não sangrem em cima daqueles que não as causaram. Isso significa manejar as defesas do ego de forma a evitar a sobrecarga das relações. Se alguém já se sabe controlador ou evitativo, por exemplo, pode ficar atento a si mesmo, observando-se e questionando-se diariamente sobre o real objetivo das suas atitudes e sobre os autênticos desejos que movem suas ações, de forma a se vigiar e a se autorregular.

Permitindo e vivendo a cicatrização das feridas

Pouco a pouco, o compromisso com o processo da cura interior faz com que o desenvolvimento pessoal, a expansão da consciência e o crescimento íntimo mudem circunstâncias, cenários e realidades interiores, trazendo paz. Esse mesmo movimento permite não só que desfrutemos do que é conquistado, mas também que suportemos aquilo que é permanente, a insensibilidade das cicatrizes, a rigidez do tecido e tudo que o processo de cura traz consigo. Viver é integrar oposições e suportar as contradições da vida, encontrando alegria e realização no melhor possível a cada momento.

FREQUENTEMENTE, CARREGAMOS MAIS DE UMA FERIDA OU ATÉ MESMO TODAS ELAS EM UMA MESMA EXPERIÊNCIA, EMBORA UMA DELAS SEMPRE PREDOMINE, SENDO A CENTRAL OU A DOR PRIMAL ORIGINAL.

AS FERIDAS SÃO MARCAS PERMANENTES, QUE SERÃO ATENUADAS OU CURADAS NO TEMPO, GERANDO CICATRIZES.

Capítulo 6
DINÂMICAS E PROPOSTAS RELACIONAIS

Um relacionamento saudável é aquele em que duas pessoas fazem da sua conexão um lugar seguro para ambos crescerem.
CARL ROGERS

6

O QUE VIVENCIAMOS NA INFÂNCIA, O CONTEXTO EM QUE O vivenciamos e a forma como reagimos ao que nos aconteceu, bem como as defesas que desenvolvemos para sobreviver, formatam nossas personalidades, estruturando dinâmicas e propostas relacionais que estarão ativas durante toda a nossa vida adulta.

As dinâmicas relacionais são os padrões de comportamento, comunicação e interação que surgem entre pessoas em uma relação, seja ela familiar, seja ela amorosa, seja de amizade, seja profissional. Já as propostas relacionais são os convites ou "contratos implícitos" que emergem nessas interações. Elas envolvem aquilo que cada pessoa, consciente ou inconscientemente, espera, oferece ou exige de outra em uma relação. Essas propostas podem ser saudáveis (promovendo crescimento e conexão) ou desajustadas (reforçando padrões tóxicos ou de dependência).

As defesas de retração ou de expansão, úteis para resistir a consequentes ameaças experimentadas pelo eu, favorecem personalidades mais passivas ou reativas, mais acolhedoras ou mais evitativas, mais afetuosas ou mais agressivas, impactando todas as áreas de relação, sobretudo a de casal.

Tendemos a buscar a repetição das experiências traumáticas nas relações como um esforço de cura, ou a estabelecer circunstâncias que fazem oposição ao que foi vivido, estruturando novos destinos.

Em nenhum desses dois casos somos exatamente livres, pois, no primeiro, vivemos a compulsão à repetição, enquanto no segundo, vivemos a compulsão à oposição, até que a experiência, o amadurecimento e as vivências curativas estruturem a verdadeira liberdade de sentir e de agir conforme o real movimento interior determina, sem a escravidão às compulsões.

As dinâmicas relacionais são formas de interação e complementação que buscamos na relação a dois por meio das propostas relacionais inconscientes ou semiconscientes que vivemos.

A pessoa mais passiva buscará alguém mais proativo; a insegura buscará aquele que lhe oferta segurança e coragem; a controladora procurará alguém de personalidade dócil; e vice-versa.

Embora enunciemos isso com uma característica apenas, cada relação afetiva é formada por uma complexa interação de sentimentos e padrões que se complementam como peças de um quebra cabeça que mostra a imagem fantasiosa que trazemos dos padrões afetivos experenciados na infância e do relacionamento ideal almejado.

Isso permite que encontremos alívios ou exarcebações para as dores interiores.

O que determina um ou outro é o nível de consciência com o qual vivemos as dinâmicas e as propostas relacionais, bem como o nível de autoconhecimento e de autonomia da vida adulta.

Boa parte das pessoas só reflete sobre suas personalidades e dinâmicas relacionais após crises significativas ou adoecimentos mentais, tais como depressões e ansiedades, que convidam a um mergulho obrigatório em si mesmo.

As crises afetivas se instalam quando uma relação que pretendia ser alívio ou espaço de cura promove a exacerbação das dores traumáticas vividas na infância.

É que as vivências infantis determinaram em cada um de nós *scripts* ou roteiros afetivos a partir da imagem do eu e de suas fragmentações desenvolvidas como respostas traumáticas, e que agora vivemos inconscientemente nas relações, sobretudo a dois.

PROPOSTAS RELACIONAIS OU *SCRIPTS* AFETIVOS

A pessoa insegura, por exemplo, buscará a controladora e a servirá com a proposta relacional inconsciente de que ela não precisará desenvolver a sua força plena ou enfrentar o seu senso de incapacidade. A controladora, por sua vez, assumirá o comando e tomará conta das circunstâncias com a proposta inconsciente de que ela não precisará enfrentar a sua vulnerabilidade e o seu senso de pequenez. O convite que fazem uma à outra é: "Você me oferta segurança para que não precise me fazer forte, e eu me faço de frágil para que você não precise acessar a sua pequenez".

A pessoa intelectualizada buscará uma pessoa simples e afetiva com a proposta inconsciente de que não terá que deixar de se defender dos seus sentimentos com a sua racionalidade. A pessoa afetiva, por sua vez, proverá simplicidade e acolhimento, com a condição de não precisar desenvolver as suas competências cognitivas. O convite relacional nesse caso é: "Você racionaliza e é o cérebro, e eu oferto o afeto e sou o coração".

A pessoa rígida buscará uma pessoa flexível e servil, com a expectativa inconsciente de não precisar flexibilizar-se, por sua vez, e poder permanecer enclausurado na firme defesa que esconde o seu eu ferido. A pessoa flexível ofertará leveza ao passo que buscará na pessoa rígida a estrutura que lhe falta, com a condição inconsciente de não precisar desenvolvê-la por si mesma. O convite relacional nesse caso é: "Eu lhe oferto estrutura e você me oferta movimento, com a condição de que eu não precise me movimentar nem de que você tenha que se estruturar interiormente…".

Uma pessoa pacificadora e que evita conflitos buscará uma pessoa mais crítica, reforçando o papel de "pacificador" e "controlador". A proposta relacional será: "Eu sou o responsável por manter a paz, enquanto você aponta os problemas. Com isso, eu me isento dos problemas e você se isenta da necessidade de fazer a paz interior".

Embora seja mais fácil evidenciar as propostas relacionais a partir da observação da relação de casal, também as percebemos na relação entre pais e filhos, na maneira como o afeto é vivido de acordo com a ordem familiar e nas relações profissionais.

Um pai superprotetor, com grandes feridas na relação com seus pais, pode estabelecer uma relação de codependência com o filho ou com a filha, que crescerá acreditando que não consegue lidar com os desafios sozinho. A proposta relacional nesse caso é: "Eu sempre cuidarei de você porque você não pode fazer isso por conta própria. Assim, eu me mantenho importante e necessário para você".

No ambiente de trabalho, um líder autoritário formará uma equipe com perfil infantil ou dependente, que evitará assumir responsabilidades, reforçando a dependência em relação ao líder. A proposta relacional aí será: "Você é o único capaz de liderar, então faremos apenas o que você mandar. Assim, você se sentirá forte e nós evitaremos adultecer e assumir responsabilidades".

Igualmente, as amizades ou a relação entre irmãos têm propostas relacionais.

Em uma amizade na qual uma pessoa busca constantemente validação enquanto a outra assume o papel de "cuidadora emocional", cria-se um ciclo de desequilíbrio, no qual uma das partes se sente sobrecarregada. A proposta relacional aí implícita é: "Eu preciso que você esteja sempre disponível para me apoiar, como uma mãe, mas não retribuirei da mesma forma, porque aqui eu sou criança".

Um irmão mais velho constantemente age como "pai" ou "mãe" do irmão mais novo, sentindo-se responsável por seu bem-estar emocional ou por suas decisões de vida. O irmão mais novo, por sua vez, torna-se dependente ou rebelde. A proposta relacional nesse caso é: "Você sempre cuidará de mim, mesmo que isso atrapalhe a sua vida, e, com isso, ambos evitaremos curar as nossas relações com nossos pais".

Também nas relações com líderes ou representantes espirituais estão presentes as propostas relacionais. Um líder espiritual controlador ou salvador pode criar uma relação de dependência com seus seguidores, promovendo a ideia de que só ele tem as respostas ou o poder de conduzir. A proposta relacional nesse caso é: "Você só terá crescimento ou iluminação se seguir o que eu digo. Assim, fico importante e você, impotente. Eu me faço de pai e você, de criança".

*

Esses são apenas alguns exemplos de propostas e convites relacionais que são buscados inconscientemente, nos quais pode-se fazer arranjos, ajustes e modificações ao longo do crescimento pessoal e do desenvolvimento que as relações possibilitam, quando o autoconhecimento e o autoamor permitem tais modificações.

A FRUTA BICHADA

As experiências traumáticas da infância marcam e fragmentam o eu, desconectando-nos do que é autêntico em nós e construindo as máscaras e personagens que viveremos por longos anos.

A criança traumatizada amadurece precocemente e cria dinâmicas relacionais sustentadas no amadurecimento acelerado patologicamente.

O psicanalista húngaro Ferenczi, comentando o abuso sexual, por exemplo, utiliza uma metáfora interessante: a da fruta bicada pelo pássaro ou com bicho (bichada) que amadurece antes do tempo:

> A criança que sofreu uma agressão sexual pode, de súbito, sob a pressão da urgência traumática, manifestar todas as emoções de um adulto maduro, as faculdades potenciais para o casamento, a paternidade, a maternidade, faculdades virtualmente pré-formadas nela. Nesse caso, pode-se falar de progressão traumática (patológica) ou prematuração (patológica). Pensa-se nos frutos que ficam maduros e saborosos depressa demais, quando o bico de um pássaro fere, e na maturidade apressada de um fruto bichado. (Ferenczi, 1933)

Muitas pessoas só terão tardiamente condições de reconhecer os efeitos das feridas infantis e a necessidade de olhar com amor para a criança que se tornou adulta precocemente, e que, no mais profundo, continua frágil e vulnerável, oculta e esquecida por trás dos múltiplos afazeres e responsabilidades assumidos precocemente.

É comum que esses adultos amadurecidos precocemente estabeleçam dinâmicas relacionais com pessoas igualmente vulnerabilizadas, porém, desconectadas de sua força, na qual façam o papel de salvadoras sobrecarregadas, repetindo a sobrecarga das emoções e dos sentimentos infantis não acolhidos pelos adultos ou cuidadores da infância.

Embora sejam pessoas eficazes e que vivam a proposta relacional de carregar os pesos alheios com relativo êxito, também experimentam angústias ocultas, medos variados (fruto das fantasias inconscientes) e, sobretudo, uma sensação de desamparo e abandono que reflete a dor primal inalterada.

A seriedade e o alto desempenho dessas pessoas atestam que o adulto é digno de valor e reconhecimento. Já a busca inconsciente é por validar a dor e liberar os sentimentos introjetados inadequadamente e que sufocaram o verdadeiro senso de valor e autenticidade.

O fato é que todos buscamos o "paraíso perdido", o senso de dignidade original do ser divino que todos somos e que trazemos como marca da espontaneidade afetiva e da confiança inata de nossas crianças inferiores.

Uma boa relação afetiva entre duas pessoas pode ser um oásis no deserto interior, na medida em que ambos podem ser honestas consigo mesmas e com a outra, trabalhar suas dores infantis e reconhecer as dinâmicas e propostas relacionais inconscientes, podendo ampliá-las e transformá-las na medida do possível.

Assim, ninguém sangrará sobre o outro, porque estará ocupado em cuidar amorosamente de si mesmo, fazendo curativos diários e persistentes no firme compromisso da cura interior.

QUANDO NÓS MUDAMOS, MUDAM TAMBÉM AS NOSSAS DINÂMICAS RELACIONAIS.

Capítulo 7
CURA É MOVIMENTO E HABILIDADE PARA RESPONDER

A dor que você sentiu não foi culpa sua, mas a cura é sua responsabilidade.
LOUISE HAY

7

NA IMAGINAÇÃO OU NA FANTASIA DE MUITOS DE NÓS, A CURA interior representa completa ausência de sintomas, incômodos e dores interiores.

Em uma perspectiva psicológica de amadurecimento e desenvolvimento pessoal, podemos conceituar cura como o movimento interior na direção da expansão e da autonomia.

Colocar em movimento é trazer à luz o que se sente e o que é vivido, compreender o que é possível, acolher a vulnerabilidade com amorosidade e comprometer-se com aquilo que o interior sinaliza como sendo a necessidade imediata e essencial.

Quando algo é posto em movimento dentro de nós, deixa de ficar estagnado ou cristalizado, desobstaculizando o sentir e desintoxicando o afeto.

Quando acolhemos uma dor e seus efeitos, passamos a percorrer o caminho da resolução do sofrimento, que é a interpretação da dor, e, ainda que esta permaneça, já não produz mais o mesmo efeito de antes nem tem o custo emocional que apresentava quando não era cuidada ou reconhecida.

Um belo exemplo disso são as nossas feridas primais ou da criança interior que, como vimos anteriormente, permanecem ativas por toda a nossa vida.

Quando o movimento do cuidado e do acolhimento de si mesmo se ocupa de ofertar aquilo de que se precisa e se conectar com o que se merece viver, a intensidade da ferida interior diminui bem como o seu efeito, deixando de ser sofrimento para ser percepção consciente de uma vulnerabilidade e de suas necessidades.

O movimento curativo expande a consciência, gerando novas habilidades e competências de autossustentação e de conexão com a vida.

Do ponto de vista de uma medicina integral, que considera corpo, mente e espírito (em termos de essência), a cura pode ser entendida como a habilidade de responder ao que quer que afete o organismo, interna ou externamente.

No caso de um vírus ou de uma bactéria, por exemplo, o organismo saudável aciona o sistema imunológico para identificar, reconhecer e agir em defesa da integridade do sistema, da forma que for necessária. Quando isso acontece, ainda que a pessoa apresente algum sintoma da infecção, ela não sofre destruição e mantém as integridades orgânica e mental que caracterizam o estado de saúde biológica.

No caso de um estímulo que gere uma emoção ou um sentimento, ou de qualquer circunstância que gere um transtorno afetivo, a habilidade de responder manterá a saúde emocional e mental, bem como restaurará o bem-estar, tanto quanto possível.

Aplicamos o mesmo princípio à cura interior.

Uma vulnerabilidade, um vínculo sistêmico emaranhado ou uma dor emocional terão efeitos na vida de uma pessoa de acordo com a sua habilidade para responder ao que a afeta.

O que mantemos na inconsciência nos domina, e o que reconhecemos nos liberta.

Curar-se é colocar em movimento o que é reconhecido, aumentando as habilidades de responder e atuar na atenção às próprias necessidades, na concretização dos sonhos e na resolução dos conflitos, com toda a complexidade que isso representa e toda contradição humana.

O corpo é simbólico e manifesta as dinâmicas biológica, mental e afetiva que estabelecemos com a vida. Ele é uma tela que expressa a novela de nossa vida e o roteiro que escrevemos com nossas decisões.

Não ter sintomas não representa necessariamente saúde, nesse sentido, e apresentá-los no contexto de ampliação das competências interiores pode ser parte do processo de cura, a depender do movimento interior.

Portanto, a expectativa infantil de que nada nos afete precisa ceder lugar à percepção clara das vulnerabilidades e ser acompanhada da tomada de consciência e do desenvolvimento de competências que habilite cada pessoa a responder de forma harmônica àquilo que viveu e vive.

"Responder" pode ser sintetizado na permissão para sentir, reconhecer, acolher, incluir, adaptar-se, reagir ou renovar-se em sintonia com o real, de acordo com o que seja necessário em cada momento de vida e em diferentes circunstâncias.

A CURA É PROCESSUAL

Responder é também reconhecer as etapas e render-se ao movimento da vida que tem a sua própria ordenação, o seu próprio tempo.

Não controlamos todos os processos.

Em determinada medida, somos expectadores dos movimentos curativos que acontecem em nós, tanto naturalmente quanto após serem iniciados pelos nossos esforços.

Há um relato impactante da médica pediatra norte-americana Rachel Naomi Remen sobre isso na obra *Histórias que curam*, no qual ela conta a sua própria experiência após uma grande cirurgia abdominal de emergência devido a uma peritonite e sépsis.

Ela ouviu os médicos conversando, como se ela não estivesse presente, sobre como a ferida cirúrgica não poderia ser fechada e deveria ser deixada aberta para drenar. Ela escutou mas não introjetou devido à anestesia.

Quando a enfermeira veio trocar o curativo, ela ficou horrorizada com o tamanho da ferida aberta e acreditou que não fecharia nunca mais. Não teve coragem de olhar novamente por vários dias. Uma semana depois, pensou: "talvez eu não morra disso". Quando finalmente tomou coragem para olhar, viu que a ferida já estava fechando. Com o tempo, viu-a cicatrizando completamente pelos processos naturais do corpo, que realizaram o que ela considerava impossível.

Assim também acontece com as feridas emocionais.

O processo de cura demanda tempo e acontece sem o nosso controle consciente de todos os elementos envolvidos. Aliás, controlamos muito pouco.

Muitas habilidades e possibilidades surgem em nós e em nossos caminhos pela vontade da vida, pelos hábitos e pelas relações que estabelecemos, pelos efeitos dos afetos e dos aprendizados que eles proporcionam.

De repente, algo se cicatriza em nós e nos vemos com novos sentimentos, reações e interesses, fruto do processo no tempo.

> Humildade é uma palavra-chave [...]. Não é possível controlar nem conduzir alguns processos de cicatrização e regeneração: eles têm seu próprio tempo, cabe apenas observá-los, aguardá-los e muitas vezes admirá-los. A cura possível virá no tempo possível, e é preciso aprender a ficar em paz com essa realidade. A palavra aceitação também tem um lugar cativo nesse processo. Algo acontecerá de dentro para fora, e cabe apenas aceitar. (Torres, 2018)

Também é importante perceber que desenvolver a habilidade para responder inclui aprender a aceitar o que não pode ser mudado e/ou não pode ser curado; e até mesmo perceber que a turbulência é parte da viagem.

Por vezes, temos que lidar com sofrimento mental, sintomas persistentes e condições mentais adversas que se apresentam como realidades frequentes ou fixas.

A médica psiquiatra Kay Redfield Jamison, portadora de transtorno bipolar e que passou por inúmeras crises – inclusive após se tornar uma curadora –, reflete sobre essa realidade:

> Há muito tempo abandonei a noção de uma vida sem tempestades, ou de um mundo sem estações secas e assassinas. A vida é por demais complicada, é constante demais nas suas mudanças para ser diferente do que realmente é. E eu sou, por natureza, instável demais para ter outra atitude a não ser de uma profunda desconfiança diante da grave artificialidade inerente a qualquer tentativa de exercer um controle excessivo sobre forças essencialmente incontroláveis. Sempre haverá elementos perturbadores, propulsores [...] No final das contas, são os momentos isolados de inquietude, de desolação, de fortes convicções e entusiasmos enlouquecidos, que caracterizam nossa vida, que mudam a natureza e a direção do trabalho e que dão colorido e significado final ao amor e às amizades. (Jamison, 2009, p. 258)

A habilidade para responder se desenvolve conjugando autonomia, proatividade, aceitação e assentimento à vida, tal e qual ela é.

A oração da serenidade simboliza esse processo:

Concedei-me, Senhor, a serenidade necessária
Para aceitar as coisas que não posso modificar.
Coragem para modificar aquelas que posso e sabedoria
  para conhecer a diferença entre elas.
Vivendo um dia de cada vez,
Desfrutando um momento de cada vez,
Aceitando as dificuldades como um caminho para alcançar a paz;
Considerando como tu,
Este mundo como ele é
E não como eu gostaria que fosse…

O QUE MANTEMOS NA INCONSCIÊNCIA NOS DOMINA E O QUE RECONHECEMOS NOS LIBERTA.

CURAR-SE É COLOCAR EM MOVIMENTO O QUE É RECONHECIDO, AUMENTANDO AS HABILIDADES DE RESPONDER E ATUAR NA ATENÇÃO ÀS PRÓPRIAS NECESSIDADES, NA CONCRETIZAÇÃO DOS SEUS SONHOS E NA RESOLUÇÃO DOS SEUS CONFLITOS, COM TODA A COMPLEXIDADE QUE ISSO REPRESENTA E TODA CONTRADIÇÃO HUMANA.

Capítulo 8
ETAPAS DA TRANSFORMAÇÃO INTERIOR

A cura é uma jornada, não um destino.
MARYAM HASNAA

A AUTOTRANSFORMAÇÃO E A CURA INTERIOR SÃO PROCESSOS NO tempo que requerem paciência e persistência.

Mudar implica formatar um novo olhar sobre si mesmo e sobre a vida, ampliar sentimentos e experimentar novas posturas, construindo o novo na existência.

Muita gente se frustra porque exige que novos comportamentos e sentimentos surjam com espontaneidade no processo da cura interior sem ter feito o esforço de readequação.

Cada padrão de comportamento e de sentimento representa vias neuronais construídas e automatizadas no cérebro, bem pavimentadas pelo hábito da repetição.

Mudar significa construir novas sinapses e novos caminhos neurais por meio da neuroplasticidade cerebral, e isso requer tempo e manutenção persistente da decisão até que se torne um novo hábito espontâneo.

Da mesma forma, trazemos fidelidades e vínculos com os padrões familiares que sustentam comportamentos, por pertencimento familiar, ainda quando não desejamos ou já estamos aptos a viver o novo.

Fazer modificações nesses vínculos implica desenvolvermos a autonomia da vida adulta, coragem de sermos verdadeiramente quem somos e superarmos a insegurança decorrente do enfrentamento das vontades daqueles que amamos e que projetam sobre nós as suas expectativas quanto ao nosso comportamento.

*

As etapas da transformação interior podem ser classificadas, sem rigidez conceitual e dentro de uma proposta pedagógica e de autoconhecimento, como: inconsciência; vitimismo; culpa; evitação; e transformação.

A poetisa norte-americana Portia Nelson sintetiza essas fases em uma linda imagem:

Autobiografia em cinco capítulos

Capítulo 1
Ando pela rua.
Há um buraco fundo na calçada.
Eu caio...
Estou perdido... Sem esperança.
Não é culpa minha.
Leva uma eternidade para encontrar a saída.

Capítulo 2
Ando pela mesma rua.
Há um buraco fundo na calçada.
Mas finjo não vê-lo.
Caio nele de novo.
Não posso acreditar que estou no mesmo lugar.
Mas não é culpa minha.
Ainda assim leva um tempão para sair.

Capítulo 3
Ando pela mesma rua.
Há um buraco fundo na calçada.
Vejo que ele ali está.
Ainda assim caio... É um hábito.
Meus olhos se abrem.
Sei onde estou.
É minha culpa.
Saio imediatamente.

Capítulo 4
Ando pela mesma rua.
Há um buraco fundo na calçada.
Dou a volta.

Capítulo 5
Ando por outra rua.[4]

Na etapa da inconsciência, vivemos a incapacidade momentânea de perceber o que nos toca e qual é a nossa responsabilidade no processo. É a fase do olho fechado e da intensidade emocional sem reconhecimento claro do processo. O sentimento é o de estarmos perdidos, sem saber denominar o que sentimos ou o que vivemos, nem para onde desejamos ou devemos ir.

Pode parecer uma resistência da pessoa em se encarar, mas essa fase também pode corresponder ao estado de congelamento traumático que experimentamos diante da inabilidade de responder conscientemente às experiências emocionais vividas na infância.

O termo "imatura" seria talvez o mais adequado a essa fase, nessa perspectiva, pois a criança interior não tem habilidade para metabolizar o que foi vivido e esse núcleo infantil ferido permanece refletindo, no adulto, a sensação ou o desespero decorrente desse estado, aumentando o sentimento de vazio, de falta e a sensação de estar perdido e não saber o que fazer.

A etapa seguinte é o vitimismo, na qual há percepção do dano e de seus efeitos, mas ainda não há senso de poder pessoal

---

4. *In*: Rinpoche, 1994.

para lidar com eles. Nessa etapa, apontamos culpados por nossa infelicidade, e algum alívio é encontrado ao projetarmos em alguém a fonte da insatisfação e da falta. É a fase da raiva não trabalhada. O núcleo infantil ferido no mais profundo de nós comanda a interpretação das circunstâncias da vida por meio de sua dor e o efeito é a ausência de força para lidar com os desafios existenciais.

Na sequência do amadurecimento, vivemos a queda em si, a tomada de consciência das feridas interiores, seus efeitos em nossa vida e o estado de vitimismo. Quando essa percepção é clara, os olhos se abrem e nos damos conta do ciclo de dor no qual estamos inseridos, repetindo padrões traumáticos ou vivendo as defesas e reatividades decorrentes do trauma.

Nessa fase de consciência, ativamos o primeiro passo do poder pessoal, buscando recursos de alívio ou manejo da dor e de seus efeitos para sair das circunstâncias que nos limitam ou infelicitam.

É quando, então, o cansaço da dor e o senso de autoamor mais desenvolvido começam a proporcionar a evitação do ciclo da dor por meio do acolhimento e da amorosidade pessoal, promovendo evitação das circunstâncias ameaçadoras, lesivas ou propensas a funcionar como gatilhos das reatividades e defesas das quais deseja se libertar.

A evitação é disciplina firme na contenção das posturas que infelicitam e recurso útil de promoção da saúde mental. Nessa fase ainda há impulsos e desejos na direção que infelicita, e eles estão sob o controle da disciplina renovadora, enquanto a consciência avança na percepção de si mesma e dos elementos que compõe os desejos, pouco a pouco.

Como resultado de todo o processo de mergulho e persistente compromisso interior, vem a fase da transformação, que se caracteriza pela firme decisão de concretizar, em decisões e atitudes, as novas percepções obtidas no contato consigo mesmo.

Nessa fase, a pessoa está pronta e decidida a buscar novos caminhos e novas possibilidades, inspirando-se em roteiros e trajetórias de outras pessoas, e em ideias e filosofias que inspirem renovação, promovam alívio e expandam horizontes.

A motivação para novas posturas supera a força dos hábitos anteriores.

A saturação dos efeitos de velhos caminhos abrem espaço para o novo e, em pouco tempo, já se caminha por novas ruas interiores com sentimento de maior pertencimento a si mesmo, ao real e ao presente, gerando satisfação e bem-estar. Até que venha uma nova crise que convide a viver tudo novamente, afinal, a impermanência da vida impõe adaptação e renovação permanentes. É o ciclo do crescimento interior.

A AUTOTRANSFORMAÇÃO E A CURA INTERIOR SÃO PROCESSOS NO TEMPO QUE REQUEREM PACIÊNCIA E PERSISTÊNCIA.

MUDAR IMPLICA FORMATAR UM NOVO OLHAR SOBRE SI MESMO E SOBRE A VIDA, AMPLIAR SENTIMENTOS E EXPERIMENTAR NOVAS POSTURAS, CONSTRUINDO O NOVO NA EXISTÊNCIA.

Capítulo 9

ABORDAGENS PSICOTERAPÊUTICAS E CORPORAIS FACILITADORAS DA CURA INTERIOR

A psicoterapia é uma jornada para dentro de si mesmo, onde descobrimos que a chave para a cura sempre esteve em nossas mãos.
ROLLO MAY

PODE SER MUITO DOLOROSO E SOLITÁRIO ENFRENTAR SEM AJUDA todas as etapas do processo de reconhecimento das feridas interiores, das defesas desenvolvidas, das características de personalidade e dos padrões afetivos ou comportamentais desenvolvidos na história de vida.

Isso porque vivenciamos muitas defesas que visam nos impedir de contatar dores consideradas insuportáveis ou de reconhecer o que verdadeiramente sentimos, sobretudo quando isso coloca em risco a imagem que temos de nós mesmos ou das nossas relações significativas.

Há várias abordagens que ajudam a fortalecer a coragem de mergulhar em si próprio, bem como instrumentalizar esse caminhar nas etapas da cura interior. Essas diferentes linhas de abordagem psicoterapêuticas oferecem métodos variados para ajudar a lidar com os desafios emocionais, psicológicos e comportamentais.

A psicoterapia é um recurso muito útil quando pode ser vivenciada com abertura para a ajuda efetiva e com um profissional competente a guiar o processo.

Existem muitas linhas de abordagem psicoterapêuticas distintas, mas, em todas elas, o elemento central é a pessoa, que deve desenvolver consciência de si mesma, autonomia e recursos de resiliência e desenvolvimento pessoal.

PSICANÁLISE

A psicanálise, fundada pelo neurologista austríaco Sigmund Freud, investiga o inconsciente e os conflitos internos.

O objetivo é ajudar o indivíduo a tomar consciência de conteúdos reprimidos (traumas, desejos, medos) e compreender como eles influenciam a sua vida atual a partir da associação livre de palavras, análise de sonhos e exploração de transferências.

A palavra é essencial para a psicanálise, pois o próprio analisando vai dando sentido e significado ao que é percebido e vivido a partir da possibilidade de falar e, por meio da palavra, expressar a linguagem do inconsciente.

O tratamento psicanalítico segue três passos fundamentais: recordar, repetir e elaborar. O objetivo dessas etapas é permitir que o paciente, com o suporte do terapeuta, acesse conteúdos psíquicos antes reprimidos ou inconscientes, trazendo-os para a consciência e elaborando-os de maneira significativa.

Na visão psicanalítica, a não integração do trauma leva o sujeito a mecanismos de defesa como a "clivagem do Eu", na qual ele "corta" ou exclui de si mesmo a parte conectada a essa experiência. Essa exclusão afeta a identidade dele, isolando uma parte da sua subjetividade.

Diferentemente da falta simbólica que organiza o desejo e a pulsão, a clivagem está relacionada a uma patologia do ser em que há uma falta para existir.

Nesse sentido, o processo psicanalítico e a perlaboração – conceito freudiano para a elaboração interpretativa – buscam restaurar a integridade psíquica e simbólica.

É um processo lento e continuado no tempo no qual há poucas e suficientes intervenções por parte do psicanalista e, assim, ajudar ao analisando a ter consciência do que sente e do que manifesta e sustenta os seus padrões comportamentais.

ANÁLISE JUNGUIANA

A análise junguiana, criada pelo psiquiatra suíço Carl Gustav Jung, é uma abordagem psicoterapêutica que explora a psique humana em profundidade, enfatizando os processos inconscientes, o desenvolvimento pessoal e o crescimento psicológico.

A individuação é o processo central da análise junguiana, no qual o indivíduo busca integrar as várias partes da sua psique (consciência, inconsciente pessoal e inconsciente coletivo).

O objetivo aqui é que o indivíduo alcance a totalidade e realize o *self*, indo além das expectativas externas, conectando-se à sua verdadeira essência e manifestando o equilíbrio entre a expressão da sua verdade e o ambiente ao qual pertence e vivencia.

Jung acreditava que o inconsciente se comunica por meio de símbolos que podem ser encontrados em sonhos, mitos, arte, religião e até na vida cotidiana.

A interpretação dos sonhos é uma ferramenta central na análise junguiana, pois eles revelam mensagens do inconsciente – sem nossas defesas habituais – e auxiliam no autoconhecimento e na percepção dos movimentos interiores reais da psique e do afeto.

Jung identificou opostos dentro da psique, como razão e emoção, consciente e inconsciente, masculino e feminino. A integração dessas polaridades é essencial para o equilíbrio psicológico e para o crescimento pessoal.

Na análise junguiana é possível mergulhar na história pessoal e nos padrões de comportamento tomando consciência das sombras pessoal e coletiva, dos arquétipos (modelos ou padrões universais de comportamento e pensamento presentes no inconsciente coletivo) e da conexão consigo mesmo (com o *self*).

O terapeuta junguiano ajuda o paciente a explorar os conteúdos inconscientes, promovendo o crescimento psicológico e a integração das partes fragmentadas da psique.

A análise junguiana é uma abordagem profunda e simbólica que busca não apenas aliviar sintomas, mas também promover o autoconhecimento, a transformação e a realização do potencial pleno do indivíduo.

Particularmente, é a terapia que faço há anos e que tem sido muito enriquecedora no meu caminho de individuação e autotransformação.

TERAPIA COGNITIVO-COMPORTAMENTAL (TCC)

A TCC foca a relação entre pensamentos, emoções e comportamentos, e busca identificar e modificar pensamentos distorcidos e comportamentos disfuncionais. Ela é estruturada, prática e voltada para a resolução de problemas atuais, ajudando as pessoas a desenvolverem habilidades para lidar com desafios de forma mais eficaz.

Ela propõe técnicas estruturadas, tarefas de casa e estratégias para lidar com situações desafiadoras. Os pacientes são incentivados a aplicar fora da sessão o que aprenderam, como registrar pensamentos ou testar novas formas de comportamento.

A exposição aos conteúdos interiores é gradual. As pessoas são levadas a enfrentar medos ou situações evitados de forma controlada.

A TCC propõe a ativação comportamental a partir do aumento do número de atividades que geram prazer ou propósito.

É efetiva para transtornos como depressão, ansiedade, fobias, além de transtornos alimentares.

É prática e orientada para metas.

Ensina habilidades como assertividade, resolução de problemas e técnicas de relaxamento.

É mais adequada para pessoas que desejam uma psicoterapia mais direcionadora, interventiva e de apoio no processo pessoal, pois combina técnicas cognitivas e comportamentais que ajudam os indivíduos a compreender e a mudar padrões de pensamento e comportamento que causam sofrimento, promovendo uma vida mais equilibrada, saudável e funcional.

TERAPIA HUMANISTA (OU FENOMENOLÓGICA-EXISTENCIAL)

A terapia humanista utiliza um método centrado na pessoa, proposto pelo psicólogo Carl Rogers, a abordagem existencial, proposta pelo neuropsiquiatra Viktor Frankl, e a hierarquia de necessidades, proposta pelo psicólogo Abraham Maslow.

Ela enfatiza o potencial humano, a liberdade e a responsabilidade pessoal com o objetivo de promover o autodesenvolvimento, a autenticidade e a busca de sentido na vida.

A terapia humanista valoriza a percepção única de cada indivíduo de si mesmo e do mundo ao seu redor. A experiência pessoal é vista como mais importante do que qualquer interpretação externa.

Ela propõe que todos têm o potencial inato de autorrealização, ou seja, de atingir sua melhor versão e viver de forma plena. Os seres humanos são vistos como essencialmente bons e motivados a crescer e a melhorar, desde que as condições sejam favoráveis.

A terapia humanista incentiva o indivíduo a ser autêntico, a viver de acordo com seus valores e sentimentos reais. Para essa linha psicoterapêutica, congruência significa alinhar pensamentos, emoções e comportamentos.

O foco é o presente. Embora reconheça a influência do passado, a terapia humanista foca o aqui e o agora, e o que a pessoa está vivenciando no momento.

A terapia humanista é indicada em casos de depressão leve a moderada; de ansiedade existencial; de baixa autoestima; de crises de identidade ou sentido; de conflitos interpessoais; de desenvolvimento pessoal; e de busca por propósito, dentre outros.

A qualidade da relação entre terapeuta e cliente é central nessa abordagem que propõe que o terapeuta deve oferecer:

» Empatia genuína: compreender e validar a experiência do paciente.
» Aceitação incondicional: não julgar ou impor valores ao paciente.
» Congruência: ser autêntico na interação com o paciente.

A terapia humanista enfatiza que o indivíduo é responsável por suas escolhas e pelo significado que atribui à vida. Isso promove autonomia e liberdade.

Em resumo, ela propõe que o indivíduo é o principal agente de sua transformação. Ao focar o presente, o autoconhecimento e a busca por sentido, a terapia humanista oferece a ele um caminho para viver de forma mais plena, autêntica e conectada com seus próprios valores e emoções.

Eu me identifico muito com essa linha de abordagem e utilizo esses valores e princípios no meu trabalho, tanto nas consultas homeopáticas quanto nas práticas terapêuticas com a constelação familiar, individual ou em grupo.

TERAPIA SISTÊMICA OU FAMILIAR

A terapia sistêmica, também conhecida como **terapia familiar sistêmica**, é uma abordagem psicoterapêutica que foca as relações e interações entre os membros de um sistema, geralmente uma família.

Ela entende que os problemas psicológicos não surgem isoladamente no indivíduo, mas são influenciados e mantidos pelas dinâmicas e pelos padrões de relacionamento dentro do sistema familiar ou social.

Os objetivos aqui são entender como padrões de relacionamento afetam o indivíduo e descobrir como modificar essas interações.

O terapeuta sistêmico trabalha com famílias, casais ou indivíduos, analisando sistemas sociais mais amplos.

A família é vista como um sistema interdependente, em que o comportamento de um membro afeta diretamente os outros.

Os indivíduos não são tratados isoladamente, mas como parte de um contexto maior, que influencia seus pensamentos, emoções e comportamentos.

Os eventos e comportamentos em um sistema familiar são vistos como circulares, ou seja, não há uma única causa linear para um problema. Por exemplo, um conflito conjugal pode influenciar o comportamento de um filho, que, por sua vez, exacerba o conflito.

As famílias têm um desejo natural de manter o equilíbrio (homeostase). No entanto, esse equilíbrio nem sempre é saudável. A terapia busca interromper padrões negativos que mantêm esse equilíbrio disfuncional.

Os membros da família desempenham papéis específicos e seguem regras explícitas ou implícitas que podem contribuir para a disfunção ou para a saúde do sistema.

Muitos problemas surgem de narrativas familiares disfuncionais, ou seja, da forma como os membros constroem e atribuem significado às suas experiências e relações. A terapia sistêmica ajuda a reestruturar essas narrativas de forma mais positiva.

Essa modalidade terapêutica ajuda em casos de problemas familiares, conflitos conjugais e dificuldades de comunicação.

Ela é diferente da constelação familiar sistêmica, criada pelo alemão Bert Hellinger, que é uma abordagem que integra recursos de diferentes linhas terapêuticas dentro da mesma compreensão da família como sistema, porém, com uma abordagem fenomenológica específica, pontual e não psicoterapêutica, da qual falaremos mais adiante.

TERAPIA GESTALT

A terapia Gestalt, desenvolvida por Fritz Perls, Laura Perls e Paul Goodman na década de 1940, concentra-se no momento presente e na integração de pensamentos, emoções e comportamentos.

A Gestalt-terapia é uma abordagem holística que combina um foco profundo no momento presente com técnicas práticas e criativas, promovendo as transformações emocional, relacional e existencial.

Ela ajuda o indivíduo a identificar e a compreender suas emoções e seus padrões, baseando-se na sua experiência direta e na sua percepção subjetiva.

Valoriza a descrição da experiência no presente em vez de explicações teóricas ou interpretações. A atenção, aqui, está voltada para o momento presente e para como o indivíduo experimenta a realidade neste instante. Nela, trabalha-se a ideia de que o passado e o futuro são acessíveis apenas por meio do presente.

Essa abordagem propõe que o todo é maior do que a soma das partes, e que os problemas emocionais são como interrupções ou fragmentações desse todo.

A terapia Gestalt encoraja a pessoa a assumir responsabilidade por seus pensamentos, sentimentos e comportamentos, evitando atribuir culpa a fatores externos e promovendo a autonomia.

Essa linha de terapia sugere que a interação entre o indivíduo e o ambiente é central, sendo mediada pelas "fronteiras de contato", e que problemas psicológicos frequentemente surgem quando essas fronteiras são rígidas, confusas ou disfuncionais. Os indivíduos se adaptam ao ambiente para sobreviver, mas, às vezes, essas adaptações se tornam fixas ou limitantes.

A terapia-Gestalt busca restaurar a flexibilidade e a espontaneidade nesse ajustamento, explorando as polaridades internas (como forças opostas ou conflitantes dentro de si) e promovendo a integração desses aspectos. Dessa forma o indivíduo pode se tornar mais consciente de seus pensamentos, emoções, comportamentos e padrões relacionais.

A consciência é vista como o primeiro passo para a mudança. Técnicas como a da cadeira vazia – na qual o indivíduo dialoga com aspectos de si mesmo ou com uma pessoa imaginária para explorar conflitos internos ou externos – ou a da focalização no Corpo – que incentiva a atenção às sensações físicas e ao que o corpo está comunicando no agora –, são frequentemente utilizadas como forma de tomada de consciência e reenquadramento do momento presente.

Os sonhos são explorados como representações de aspectos fragmentados da personalidade que precisam ser integrados, e atividades como arte, dramatização ou escrita são usadas para explorar emoções e vivências.

PSICODRAMA

O psicodrama é uma abordagem psicoterapêutica criada por Jacob Levy Moreno na década de 1920. É baseado na ação dramática e no uso do teatro para explorar problemas emocionais, relacionais e psicológicos. Essa terapia utiliza dramatização e encenação para ajudar os indivíduos a entenderem melhor seus conflitos internos, seus relacionamentos e suas interações sociais.

Em vez de apenas falar sobre problemas, o psicodrama convida os participantes a agir e a representar as situações problemáticas. Essa abordagem facilita o acesso a emoções e a *insights* que, muitas vezes, estão além das palavras.

A cura ocorre por meio do encontro genuíno entre as pessoas, e promove empatia, autenticidade e aceitação mútua.

Espontaneidade e criatividade são elementos centrais no psicodrama. O objetivo é desenvolver a capacidade de responder de forma nova e adaptativa às situações da vida, rompendo com padrões repetitivos.

O psicodrama vê o ser humano como um ator que desempenha diferentes papéis (pai, mãe, amigo, profissional etc.). Muitas vezes, problemas surgem de má adaptação ou rigidez desses papéis. O psicodrama permite explorá-los, expandi-los ou ressignificá-los.

A formação da identidade está relacionada às interações iniciais com figuras de cuidado, como já dito anteriormente. O psicodrama ajuda a reavaliar essas experiências, ressignificando padrões de comportamento e crenças.

É frequentemente realizado em um grupo terapêutico, em que os participantes se tornam parte ativa do processo, colaborando na dramatização e fornecendo *feedback*.

O psicodrama facilita a liberação de sentimentos que, muitas vezes, permanecem suprimidos em abordagens exclusivamente verbais.

A dramatização permite que o indivíduo experimente a perspectiva de outros (por meio da inversão de papéis), aumentando sua empatia e sua capacidade de compreender diferentes pontos de vista, além de ajudá-lo a entender melhor seus padrões de comportamento, sentimentos e pensamentos, e sua influência nas relações.

Também oferece um espaço para experimentar novas formas de lidar com desafios e explorar possibilidades de ação.

TERAPIAS CORPORAIS

As terapias corporais são abordagens psicoterapêuticas que integram corpo e mente, e em que se reconhece que as emoções, os traumas e as experiências de vida não são apenas vividas cognitivamente, mas também são registradas pelo corpo. Por meio dessas terapias, busca-se liberar tensões e padrões corporais, e promover um estado de bem-estar físico, emocional e psicológico.

Nas terapias corporais, parte-se da premissa de que corpo e mente estão intimamente conectados. Emoções e experiências de vida se refletem no corpo, influenciando postura, tensão muscular, respiração e saúde geral.

Traumas e vivências emocionais podem ser armazenados no corpo na forma de tensões, bloqueios ou padrões físicos. As terapias corporais trabalham para acessar e liberar essas memórias.

As emoções frequentemente não processadas podem se manifestar como bloqueios no corpo. As terapias corporais incentivam as expressões física e emocional para liberar as energias acumuladas, desbloqueando a energia vital do organismo e o fluxo energético no corpo.

Nas terapias corporais, o indivíduo é encorajado a se reconectar com seu corpo, percebendo sensações, emoções e padrões de movimento, e promove-se a expressão saudável de emoções reprimidas, como raiva, tristeza ou medo, por meio de técnicas corporais e movimentos.

Essas terapias integram aspectos físicos, emocionais e psicológicos para promover um estado de equilíbrio e saúde geral, desbloqueando padrões rígidos de comportamento e de movimento, permitindo maior fluidez e vitalidade na vida cotidiana.

As principais abordagens das terapias corporais são:

- » Análise bioenergética: criada por Alexander Lowen, foca a relação entre tensões corporais e experiências emocionais reprimidas. Usa exercícios físicos, respiração e expressão emocional para liberar bloqueios corporais.
- » Terapia reichiana: desenvolvida por Wilhelm Reich, baseia-se na ideia de que traumas e emoções reprimidas criam "couraças musculares". Trabalha na liberação dessas tensões para restaurar o fluxo natural da energia vital.
- » Somatic experiencing: criada por Peter Levine, é uma abordagem para a cura de traumas. Ajuda o corpo a processar e a liberar as respostas de luta, fuga ou congelamento associadas a experiências traumáticas.
- » Dança e movimento terapia: utiliza o movimento e a dança como formas de expressão emocional e liberação corporal.
- » Rolfing (integração estrutural): concentra-se no realinhamento do corpo por meio de manipulação física para liberar padrões de tensão profunda e melhorar a postura.

- » Feldenkrais: método que utiliza movimentos suaves e conscientes para melhorar a conexão entre corpo e mente, aumentar a flexibilidade e reduzir a dor.
- » Terapia de toque (*touch therapy*): inclui abordagens como massagem terapêutica, toque reconfortante ou terapias energéticas para desbloquear tensões.

As terapias corporais reconhecem o corpo como um espaço fundamental de expressão e cura. Ao trabalhar diretamente tensões, posturas e movimentos corporais, elas proporcionam um caminho poderoso para as transformações emocional, física e psicológica.

Considero essas abordagens essenciais para quem deseja ir além do nível cognitivo e explorar as conexões profundas entre corpo, mente e emoção.

Muitas pessoas não dão conta de sair do racional e sentir, corporificando a experiência. Psicodrama e terapias corporais são muito eficazes nesse sentido.

TERAPIA EMDR (DESSENSIBILIZAÇÃO E REPROCESSAMENTO POR MOVIMENTOS OCULARES)

A terapia EMDR (*eye movement desensitization and reprocessing*), ou dessensibilização e reprocessamento por movimentos oculares, é uma abordagem psicoterapêutica desenvolvida por Francine Shapiro no final da década de 1980. É amplamente utilizada para tratar traumas e memórias dolorosas, promovendo a dessensibilização e o reprocessamento dessas experiências.

A EMDR baseia-se na ideia de que o cérebro tem um sistema natural de processamento de informações, mas experiências traumáticas podem bloquear ou interromper esse processo, o que leva a sintomas como ansiedade, depressão e *flashbacks*.

Francine Shapiro demonstra que traumas não processados ficam "presos" – ou congelados – no sistema nervoso, juntamente com emoções, pensamentos e sensações corporais associadas.

A terapia busca desbloquear essas memórias e integrá-las de forma adaptativa, bem como acessar memórias dolorosas e processá-las de forma que percam sua intensidade emocional negativa. Para isso, a EMDR propõe a utilização de estímulos bilaterais (como movimentos oculares, toques ou sons alternados), que ajudam a reprocessar as memórias traumáticas. Acredita-se que esse processo ativa os dois hemisférios do cérebro, facilitando o processamento emocional.

A EMDR apoia-se na neuroplasticidade, ou seja, na capacidade do cérebro de reorganizar suas conexões e aprender novas formas de lidar com as experiências traumáticas.

É especialmente eficaz no tratamento de transtorno de estresse pós-traumático (TEPT), mas também beneficia quem sofre de ansiedade, fobias, depressão, entre outros.

Ao dessensibilizar experiências difíceis, a EMDR reduz sofrimento emocional e promove uma sensação de alívio e equilíbrio.

Além de tratar traumas, essa terapia trabalha na substituição de crenças negativas (como "não sou bom o suficiente") por crenças mais adaptativas e positivas.

Como funciona?

O terapeuta ajuda o paciente a identificar as memórias traumáticas, as emoções associadas e as crenças negativas ligadas a essas experiências. O paciente é orientado a estabelecer um ambiente seguro e a aprender técnicas de autorregulação emocional antes de iniciar o trabalho com as memórias traumáticas. O terapeuta utiliza os estímulos bilaterais, enquanto o paciente foca a memória traumática e suas associações emocionais. Durante a estimulação, ele relata novas percepções ou emoções relacionadas à memória, o que indica a ocorrência de um reprocessamento. Após o reprocessamento, o terapeuta trabalha na integração da experiência e na consolidação de crenças positivas.

Comparada a outras terapias, a EMDR pode oferecer resultados mais rápidos no tratamento de traumas.

É especialmente útil para pessoas que têm dificuldade em expressar verbalmente seus traumas.

Além de traumas, pode ser usada para tratar questões como luto, baixa autoestima e problemas de relacionamento.

TERAPIA TRANSPESSOAL E TERAPIA INTEGRATIVA

Além das linhas de abordagem psicoterapêuticas e corporais apresentadas anteriormente, podemos citar como muito úteis as terapias transpessoal e integrativa.

A terapia transpessoal é uma abordagem psicológica que transcende os modelos tradicionais da psicologia ao integrar aspectos da espiritualidade, da consciência e do potencial humano. Suas bases teóricas e práticas combinam elementos da psicologia ocidental com tradições espirituais do Oriente e do Ocidente, oferecendo uma visão ampliada sobre a experiência humana.

Ela enfatiza aspectos espirituais e transcendentais do ser humano com a proposta de expandir a consciência e integrar mente, corpo e espírito.

Os métodos utilizados nessa abordagem, além da psicoterapia convencional, são: meditação, mindfulness, visualizações criativas, exploração de estados alterados de consciência, respiração holotrópica e diálogos sobre espiritualidade. Essas técnicas ajudam no autoconhecimento profundo e no crescimento espiritual.

Essa terapia tem como objetivos:

- » Expansão da consciência: facilitar o acesso a estados mais elevados de consciência para promover autoconhecimento e integração.
- » Autotranscedência: superar os limites do ego, reconhecendo uma conexão maior com o todo – natureza, humanidade, universo.
- » Integração de experiências espirituais: ajudar o indivíduo a integrar vivências místicas ou transcendentais de maneira saudável e significativa.
- » Cura integral: enfatizar a cura em um nível holístico, considerando os aspectos físico, emocional, mental e espiritual.
- » Desenvolvimento do potencial humano: promover a exploração e o desenvolvimento de capacidades latentes, como criatividade, intuição e empatia.
- » Percepção de significados e propósito: apoiar o indivíduo na busca por sentido e propósito de vida, especialmente em momentos de crise existencial.

A terapia integrativa, por sua vez, combina técnicas de diferentes abordagens dependendo das necessidades do paciente, que recebe um tratamento personalizado e holístico.

Tenho uma amiga querida, psicoterapeuta competentíssima, que pratica a terapia integrativa e se diz "desalinhada", porque ela utiliza a linha ou a abordagem terapêutica que será mais útil no momento e a qual o paciente necessita no campo do cuidado.

Essa abordagem oferece o benefício da flexibilidade, pois atende às necessidades específicas do indivíduo e pode incorporar uma ampla gama de técnicas, incluindo:

- » Psicoterapia tradicional como cognitivo-comportamental, junguiana, sistêmica e humanista.
- » Terapias corporais como massoterapia, yoga, bioenergética e técnicas de relaxamento.
- » Terapias energéticas como reiki, acupuntura, terapia floral e meditação guiada.
- » Práticas contemplativas como mindfulness, respiração consciente e visualizações.
- » Terapias complementares como fitoterapia, aromaterapia, nutrição funcional e outras práticas de saúde integrativa.

Aqueles que seguem linhas específicas de forma rigorosa não veem com bons olhos essa integração, pois são fiéis às teorias e propostas de sua abordagem de predileção. No entanto, aprendi em mais de vinte anos de experiência terapêutica ajudando pessoas e famílias, seja na medicina homeopática, seja na constelação familiar, que o ser humano não cabe em teorias restritas e que a experiência individual é mais sagrada que a rigidez das definições.

Dessa forma, considero que, nesse campo da cura interior, cada um tem suas próprias afinidades, aquilo com que sente sintonia e de que necessita no momento.

Vejo com muita admiração os profissionais que têm múltiplas competências de conhecimento e prática e que colocam a serviço da pessoa aquilo de que ela precisa. Afinal, as pessoas são mais importantes do que as teorias.

Cada abordagem tem seu foco específico, e o uso de cada uma depende das dificuldades, dos objetivos e do perfil do paciente.

Em geral, todas visam promover bem-estar emocional, autoconhecimento e uma vida mais equilibrada e satisfatória.

Devemos encontrar aquela que serve à nossa necessidade e ao nosso propósito de cura interior.

A PSICOTERAPIA É UM RECURSO MUITO ÚTIL QUANDO PODE SER VIVENCIADA COM ABERTURA PARA A AJUDA EFETIVA E COM UM PROFISSIONAL COMPETENTE A GUIAR O PROCESSO.

EXISTEM MUITAS LINHAS DE ABORDAGEM PSICOTERAPÊUTICAS DISTINTAS, MAS, EM TODAS ELAS, O ELEMENTO CENTRAL É A PESSOA, QUE DEVE DESENVOLVER CONSCIÊNCIA DE SI MESMA, AUTONOMIA E RECURSOS DE RESILIÊNCIA E DESENVOLVIMENTO PESSOAL.

Capítulo 10

A AÇÃO DA ALOPATIA E DA HOMEOPATIA NO AUXÍLIO À CURA INTERIOR

A verdadeira cura vem quando conseguimos restaurar a harmonia entre o corpo, a mente e o espírito, algo que a homeopatia busca alcançar.
JAMES TYLER KENT

NO TRATO COM AS DORES INTERIORES E OS SEUS EFEITOS, É MUITO justo que nos deparemos com inúmeros diagnósticos físicos ou mentais, bem como com sintomas não bem caracterizados de uma patologia específica e que produzem muito sofrimento.

Nesse sentido, é sempre útil lembrar que a medicina é uma arte a serviço da saúde e do bem-estar do ser humano. Quando bem praticada, ela oferece recursos valiosíssimos de auxílio aos reequilíbrios físico e psíquico daquele que está em busca da sua cura interior.

A alopatia, medicina que emprega medicações com ações contrárias aos sintomas, tratando as causas subjacentes às doenças, dos pontos de vista biológico, químico e fisiológico é uma benção e um alívio, e estabelece a harmonia interior possível em cada caso quando bem empregada.

Como praticante da homeopatia há muitos anos, vejo frequentemente as pessoas buscarem os consultórios e relatarem resistência a utilizar medicações alopáticas quando delas necessitam, alongando sofrimentos desnecessários, tais como depressões, crises de ansiedade, síndrome do pânico ou distúrbios metabólicos, dentre outros.

Muitos dizem: "eu quero dar conta sozinho" ou, mais diretamente, "eu tenho que dar conta". Essa crença nasce da sobrecarga traumática que a criança interior sofreu no processo do desenvolvimento quando introjetou que estava só no mundo ou que para ser amada necessitava ter um comportamento exemplar ou uma performance extraordinária.

Não é necessário dar conta sozinho.

Essa é uma crença negativa que precisa ser ressignificada.

Aceitar ajuda é um ato de humildade e, para que isso se dê em uma base de confiança e parceria, é necessário buscar profissionais competentes que tenham não só boa formação acadêmica, mas também um comportamento humano empático e compassivo alinhado com os princípios e valores de quem o busca.

Quando há esse encontro de humanidades, então o processo terapêutico, que é sempre uma parceria, pode encontrar terreno fértil para os objetivos almejados por meio da instrução técnica adequada, da orientação precisa, do alinhamento de visão e propósitos da terapêutica, do manejo de possibilidades individuais e, sobretudo, do acompanhamento adequado ao longo do tempo e do processo de reencontro com a saúde.

Assim como os processos psicoterapêuticos e corporais e a alopatia, a homeopatia é uma potente aliada no processo de cura interior, de resgate da saúde física e emocional que convém conhecer em sua origem e método de ação.

Ela favorece enormemente não só o reequilíbrio vital e, consequentemente, a saúde física, mas também a superação de traumas e dores emocionais, além da conexão com a autenticidade e a expansão consciencial.

A homeopatia surgiu na Europa no ano de 1790 com o trabalho do médico alemão Samuel Hahnemann, que era também farmacêutico e tradutor de obras científicas.

Hahnemann era um profundo insatisfeito com a medicina de seu tempo, que seguia os princípios hipocráticos.

Ao traduzir a obra de William Cullen, Hahnemann se animou a experimentar em si mesmo o efeito da medicação utilizada na época para o tratamento da malária. Ele se deu conta de que aquele medicamento no indivíduo são era capaz de produzir os mesmos sintomas da doença que tratava.

Dessa experimentação e do estudo continuado, Hahnemann deduziu o princípio básico da homeopatia, o princípio da similitude: "semelhante cura semelhante". Ele atestou que cada substância é capaz de curar os mesmos sintomas que produz no indivíduo são que a experimenta.

A partir de então, inúmeras substâncias foram experimentadas (autopatogenesias) por diferentes grupos, muitas vezes e de forma independente, o que permitiu a descoberta das virtudes curativas de cada substância. Assim, foram formadas as diversas matérias médicas ou resumos das potencialidades curativas das medicações homeopáticas.

O adoecimento, segundo Hahnemann, manifesta-se sempre de forma individualizada e particularizada, cabendo ao médico homeopata ser um profundo conhecedor da matéria médica e um arguto observador da natureza e da expressão humana para identificar a linguagem da experiência individual e traduzi-la em forma de conhecimento que viabilize a prescrição semelhante que, por sua vez, estimule o reequilíbrio da energia vital e a consequente cura.

O estímulo curativo da medicação homeopática segue etapas de ação. Há uma fase inicial de agravação leve dos sintomas – pois a medicação causa os mesmos sintomas que trata –, e pode haver febre baixa de curta duração, sobretudo em crianças (atualização da energia vital); exoneração, com leve diarreia e secreção nasal (liberação do desequilíbrio da energia vital) seguidas de melhora dos sintomas; e, por fim, a superficialização (exoneração por meio da pele).

O processo curativo segue também uma direção curativa, exatamente a oposta do adoecimento: primeiro, alivia os sintomas mentais; depois, os sintomas percebidos nos órgãos vitais, aparelho gastrointestinal, o respiratório e as mucosas; por fim, na pele. O sentido da cura, geralmente, é o de cima para baixo, dos órgãos superiores para os inferiores. Isso é conhecido como lei de cura e foi observado e estabelecido pelo homeopata norte-americano James Tyler Kent.

No processo curativo, não há somente melhora dos sintomas e restabelecimento da saúde, mas há também ampliação de consciência, pois a *physis* (sabedoria natural e inata de todo organismo, que conduz à saúde – um conceito de Hipócrates) é desobstaculizada e a real natureza de cada ser pode ser conhecida e revelada. Observamos isso com muita frequência na prática clínica.

Lembro-me de uma paciente que, após um mês de uso da medicação homeopática eleita pela lei de semelhança, retornou para a reavaliação e me disse: "Nossa, acalmei muito com essa medicação, estou mais comedida, amorosa e espontânea. Não estou sentindo mais aquela irritabilidade, aquela reatividade impulsiva que tanto mal trazia para as minhas relações". E, concluiu, atestando a luta interior de autorrejeição, fruto das suas feridas infantis e da busca por autoaceitação: "Essa minha versão eu posso até amar". Então, expliquei que a medicação homeopática pode muito em seus efeitos e é capaz de produzir sintomas por si mesma, mas o que ela mais faz, quando os processos de cura são atingidos, é trazer à tona a verdade de cada um. Concluí, dizendo: "Essa versão que você experimenta agora é a mais provável de ser a sua versão original e autêntica. O que você sentia antes eram sintoma, defesa e consequência decorrentes dos traumas de abandono e de rejeição, dores da sua criança interior". Ela ficou muito emocionada.

Percebemos esse movimento curativo de resgate da real natureza de cada um quando a homeopatia é usada dentro dos princípios da semelhança, com respeito à individualidade de cada paciente e à individualização do tratamento, como preconizou Hahnemann.

Quando a homeopatia é usada para tratar apenas sintomas – o que seria uma "alopatização" da homeopatia, na visão da medicina homeopática unicista –, essas etapas e esses processos de cura não são seguidos, embora sejam também úteis ou eficazes no alívio de sintomas.

Para bem conhecer a homeopatia é preciso experimentá-la, vencendo preconceitos ou ignorância (o não saber) e sentindo no corpo, nas emoções e na pele os enormes benefícios que ela pode proporcionar quando é bem prescrita e conduzida.

Há inúmeras medicações que ajudam a lidar com mágoas e outras dores emocionais, conflitos nas tomadas de decisão, ansiedade, irritabilidade e procrastinação. Elas ajudam a colocar em movimento o que está bloqueado, estagnado, promovendo alívio e expansão.

Hahnemann dizia que as contrariedades e os pesares são os elementos que mais perturbam a energia vital do organismo, produzindo sintomas. Podemos, então, deduzir que, por trás das enfermidades físicas, há conteúdos emocionais reprimidos; vozes silenciadas; choros guardados; lutos não vividos; angústias não expressadas por separações; solidões; e sentimentos de menos-valia que produzem adoecimentos.

Igualmente dedutível é que as defesas que desenvolvemos para sobreviver às dores e aos pesares, tais como controle, raiva exacerbada ou inibida, evitação ou rigidez, também produzem sintomas e nos adoecem. Elas são o pano de fundo de enxaquecas, doenças articulares, fibromialgias, desordens intestinais, distúrbios da tireoide, doenças de pele, doenças autoimunes, transtornos de ansiedade, depressões e muitas outras enfermidades.

A medicação homeopática semelhante reequilibra a energia vital do organismo, promovendo alívio do sintoma e restabelecendo a saúde de forma que a pessoa, livre da pressão sintomática, possa mergulhar mais fundo em si mesma no caminho da cura interior e da expansão da consciência.

Hahnemann diz, no parágrafo 9º de sua obra magna *Organon da arte de curar*, que o estado de saúde natural ou restabelecido pela ação semelhante da medicação homeopática mantém o organismo estruturado "[...] de maneira que o espírito dotado de razão, que reside em nós, pode livremente dispor desse instrumento para os altos fins da existência".

Esses altos fins, na visão de Hahnemann, são o cumprimento de nossa destinação como filhos de Deus, de despertar a nossa plena potência e o mais digno usufruto dos dons com que o Pai nos dotou.

Essa é também uma bela definição de cura interior.

É SEMPRE ÚTIL LEMBRAR QUE A MEDICINA É UMA ARTE A SERVIÇO DA SAÚDE E DO BEM-ESTAR DO SER HUMANO. QUANDO BEM PRATICADA, ELA OFERECE RECURSOS VALIOSÍSSIMOS DE AUXÍLIO AOS REEQUILÍBRIOS FÍSICO E PSÍQUICO DAQUELE QUE ESTÁ EM BUSCA DA SUA CURA INTERIOR.

ASSIM COMO OS PROCESSOS PSICOTERAPÊUTICOS E CORPORAIS E A ALOPATIA, A HOMEOPATIA É UMA POTENTE ALIADA NO PROCESSO DE CURA INTERIOR, DE RESGATE DA SAÚDE FÍSICA E EMOCIONAL QUE CONVÉM CONHECER EM SUA ORIGEM E MÉTODO DE AÇÃO.

Capítulo 11

A CONSTELAÇÃO FAMILIAR E O CAMINHO DE CURA INTERIOR

Quando alguém decide curar-se, ele se transforma em uma obra de amor e compaixão, já que não se torna saudável somente a si próprio, mas também àqueles que vêm depois.
BERT HELLINGER

A CONSTELAÇÃO FAMILIAR É UMA ABORDAGEM TERAPÊUTICA desenvolvida pelo alemão Bert Hellinger, que uniu várias abordagens terapêuticas de forma original, legando-nos, na visão sistêmica, um caminho profundo de inteireza, expansão consciencial e cura interior.

Em dezembro de 2024, enquanto escrevia este texto, ela foi muito atacada no Brasil em decorrência da ignorância de seus reais princípios e da má prática por parte de alguns terapeutas.

Como toda área terapêutica, ela também depende de quem a aplica, do quanto se domina a teoria e a técnica e do direcionamento que se dá ao que se faz, o que nem sempre é adequado. Há terapeutas responsáveis e competentes em todas as áreas, e não é diferente com a constelação familiar.

Ela também depende de quem a busca e do nível de conhecimento que se tem dessa abordagem, de suas possibilidades e seus benefícios, conhecimento este que falta a muitos.

Estudo e pratico a fenomenologia das constelações familiares desde 2011, e pude sentir na pele os efeitos integradores e curativos da percepção sistêmica, que tiveram resultados significativos em minha vida, no fluxo do amor, do êxito e do servir.

Isso me levou, naturalmente, a incorporar a visão sistêmica na minha compreensão e na minha abordagem do ser humano, de seus adoecimentos, suas relações familiares e afetivas.

Não tenho, portanto, somente a convicção dos benefícios da constelação familiar quando bem compreendida e praticada, mas, sobretudo, a experiência na minha vida pessoal e na de centenas de pessoas as quais tive a oportunidade de ajudar e acompanhar no campo sistêmico.

CONSTELAÇÃO FAMILIAR

A constelação familiar é uma ferramenta poderosa utilizada para revelar e harmonizar as dinâmicas inconscientes que atuam nos sistemas familiares, muitas vezes impedindo o fluxo do amor e da vida, que estão por trás de padrões de repetição, dificuldades nos relacionamentos, problemas financeiros ou doenças que desafiam explicações convencionais.

A constelação nos ajuda a compreender que, muitas vezes, esses problemas não nascem em nós, mas vêm de algo maior, algo que pertence ao sistema familiar.

Ela nos permite enxergar além do visível; acessar de forma fenomenológica o que está oculto nas camadas mais profundas do nosso sistema.

Quando trabalhamos com o campo fenomenológico das constelações familiares, lidamos com o sistema familiar, seus vínculos e emaranhamentos, que carregam em si memórias, dores e amores que atravessam gerações.

A proposta da constelação é simples, mas profundamente transformadora: restabelecer as ordens do amor.

Hellinger identificou três princípios ou leis fundamentais que regem a harmonia nos sistemas familiares: o pertencimento, a ordem e o equilíbrio. Quando essas leis são desrespeitadas, podem surgir conflitos, bloqueios emocionais e até doenças, que se manifestam como reflexo de desequilíbrios no fluxo do amor no sistema familiar.

AS TRÊS LEIS SISTÊMICAS FUNDAMENTAIS

1. Pertencimento
Todo membro de uma família tem o direito inalienável de pertencer. Quando alguém é excluído – seja por julgamento, seja por esquecimento, seja por rejeição –, o sistema reage. Essa exclusão cria um vazio que, muitas vezes, é ocupado por outra pessoa, em um movimento inconsciente de lealdade (amor cego) e representação. O trabalho da constelação é trazer esse excluído de volta ao coração do sistema por meio de um lugar de amor no coração de quem o vê.

2. Ordem
A vida flui de cima para baixo, dos pais para os filhos. Quando respeitamos essa hierarquia, honramos a fonte da vida que nos chega, e isso nos fortalece. Quando há inversões – como filhos que tentam ser pais de seus pais ou pais que tratam os filhos como iguais –, surgem desequilíbrios que fragilizam as relações ou geram impedimentos ao fluxo da vida. A ordem é restaurada quando cada um assume seu lugar com humildade.

3. Equilíbrio nas trocas
Nos relacionamentos, o equilíbrio entre o dar e o receber é essencial. Quando damos mais do que recebemos, ficamos esgotados. Quando recebemos mais do que damos, nós nos sentimos em dívida. Na família, porém, existe um dar especial: os pais dão a vida e os filhos a recebem. Essa é uma relação permanentemente desequilibrada, pois não podemos

devolver-lhes o que recebemos em nível de igualdade. A única forma de equilibrar essa troca é honrar a vida recebida e passá-la adiante, no fluxo de vida.

EMARANHAMENTOS

Frequentemente, carregamos em nós dores que não nos pertencem, mas que foram herdadas de nossos antepassados: exclusões, injustiças, culpas, traumas, sonhos não vividos, arrependimentos etc.

Esses movimentos inconscientes – manifestações do que chamamos de amor cego – são formas de pertencimento sistêmico; é como se disséssemos "eu carrego isso por amor a você". Mas esse amor, que tenta inconscientemente ajudar sem o respeito a como cada um é e ao seu destino como foi, torna-se um emaranhamento e um peso que nos impede de viver plenamente.

Muitas feridas infantis que hoje nos impedem de seguir livres são repetições de feridas infantis dos nossos pais ou avós, bem como consequência dos emaranhamentos deles com aqueles que vieram antes na corrente de vida sistêmica.

Ao constelarmos, trazemos luz a esses vínculos, conexões, emaranhamentos e movimentos. Vemos, reconhecemos, honramos e devolvemos o que não é nosso, para darmos a cada um o respeito ao seu lugar no sistema e assumirmos aquele lugar que verdadeiramente nos compete, sem inversões de ordem.

Essa reconciliação na alma é profundamente libertadora porque não busca culpar ou julgar, mas, sim, incluir e amar. É uma reconciliação com nossa história, com nossos antepassados e, principalmente, conosco.

A constelação nos demonstra que o amor, quando flui de forma ordenada no sistema, tem o poder de produzir força, movimento e transformação. É um caminho de cura profunda em que percebemos que cada vida no sistema está interligada e que a paz interior começa por dar um lugar de amor a cada um de nossa família em nossos corações.

Constelar é um ato de coragem e amor. É olhar para a nossa história com compaixão, reconhecer o que foi, honrar aqueles que vieram antes e permitir que a vida flua novamente.

Não se trata de mudar o passado, mas de nos reconciliarmos com ele, libertando-nos para viver o presente com mais leveza e propósito.

Embora ofereça todos esses benefícios, a constelação não é para todo mundo, pois, como qualquer atividade terapêutica, ela requer responsabilização pessoal e coragem de mergulhar em si mesmo para lidar com aquilo que se mostra de forma inclusiva e acolhedora.

Uma constelação familiar pode aportar o reconhecimento dos emaranhamentos e a oportunidade de ordenação e sensibilização, mas nada disso terá efeito na vida se o indivíduo não introjetar o necessário para dar o próximo passo na direção de sua inteireza e cura interior.

Quem busca uma atividade de constelação familiar com um pensamento mágico de transformação fácil e miraculosa ficará desapontado.

O campo fenomenológico nos dá a oportunidade de expandir a consciência na direção da ordem e da reconciliação com o sistema, mas não faz por nós o trabalho interior de desenvolvimento do respeito e da honra daquilo que foi percebido.

Costumo dizer que, em linguagem terapêutica, há a seguinte fórmula de movimento interior:

SOLUÇÃO = PERCEPÇÃO + DECISÃO + ATITUDE

Quando tomamos decisões diante daquilo que foi percebido e convertemos em ações o que foi intencionado, a roda gira e o movimento acontece na direção almejada. No entanto, quando apenas racionalizamos o que foi percebido, defendendo-nos do sentir, o movimento não acontece.

Lembro-me de um homem que atendi, que desejava constelar a ausência de fluxo em sua vida afetiva. Quando fizemos a constelação, o campo fenomenológico demonstrou um vínculo de amor interrompido com a mãe, uma criança ferida que se sentia abandonada e um adulto defensivo na plena evitação de vínculos afetivos reais, fugindo deles por meio de sucessivas traições. Fizemos a abordagem de acolhimento da dor da criança e a de olhar para o amor da mãe a fim de tomar de volta o vínculo excluído e faltoso. Ele ficou muito tocado e, ao final da constelação, disse: "Que interessante, exatamente a mesma coisa que se mostrou na minha outra constelação". Então, perguntei: "Mas você já constelou esse tema antes?". Ele confirmou: "Sim, há seis meses". Ao ouvir a resposta, conclui: "Bom, se você não quer que a mesma coisa se repita daqui a seis meses, ou daqui a seis anos, é preciso tomar com respeito o que aqui se mostrou e se mover, na alma, em direção àquilo que a sua criança interior verdadeiramente precisa. Sem isso, nada se movimenta".

Sem que a percepção vire decisão e a decisão vire atitude, a solução não se apresenta.

Isso é o livre-arbítrio, condição essencial da autonomia da vida adulta.

CONSTELAR É UM ATO DE CORAGEM E AMOR. É OLHAR PARA NOSSA HISTÓRIA COM COMPAIXÃO, RECONHECER O QUE FOI, HONRAR AQUELES QUE VIERAM ANTES E PERMITIR QUE A VIDA FLUA NOVAMENTE. NÃO SE TRATA DE MUDAR O PASSADO, MAS DE NOS RECONCILIARMOS COM ELE, LIBERTANDO-NOS PARA VIVER O PRESENTE COM MAIS LEVEZA E PROPÓSITO.

Capítulo 12
O PRECIOSO TEMPO DO DESERTO INTERIOR: AUTOTRANSFORMAÇÃO

A voz interior nos chama em momentos de silêncio. É quando encontramos a verdadeira direção.
MAHATMA GANDHI

12

HÁ UM TEMPO EM QUE É PRECISO RECOLHER-SE PARA MELHOR sentir ou para permitir que o novo venha, tal qual um casulo interior em que nos resguardamos para além de nossas defesas psíquicas ou afetivas, como um espaço de metamorfose.

Um personagem da tradição cristã que me encanta e que melhor representa esse movimento é Paulo de Tarso. Talvez nenhum homem citado nos evangelhos represente a coragem de autoenfrentamento, de cura interior e de transformação como Paulo.

Ele nasceu Saulo, na cidade de Tarso. Judeu de origem romana, cresceu nutrido por uma família amorosa e tradicional, à qual se vinculou com todo o amor de seu coração. Família esta que o ensinou a amar igualmente a tradição sagrada do povo judeu. Em seu coração, ardia a vontade de ser fiel ao Deus apresentado por Moisés e pelos antigos profetas que preconizavam a vinda de um salvador para o povo eleito por Ele. Saulo cresceu nos rigores da tradição e se tornou um célebre doutor da Lei no tempo em que Jesus fazia sua trajetória pelo mundo.

Como destacado membro do farisaísmo daquele tempo, importava-lhe mais a fidelidade aos rigores exteriores da lei mosaica do que a essência dos ensinos. Por isso ele se tornou um conhecido perseguidor dos primeiros cristãos, que apregoavam que o Messias esperado teria vindo na simplicidade de um homem nazareno, pregado e vivido a compaixão e o amor, e morrido crucificado como um malfeitor. Saulo não podia aceitar que o Messias prometido pelas tradições sagradas não fosse semelhante a um dominador romano, na força e no jugo da imposição pela força. Aferrado a uma interpretação rigorosa e à imagem de superioridade que o cargo de poder religioso que ocupava lhe conferia, tornou-se um rígido perseguidor e algoz daqueles que ousavam questionar, na sua interpretação, a lei mosaica, ridicularizando-a ao propagar um Cristo que seria superior a Moisés.

Por sua mobilização e trama, Estêvão, jovem cristão muito popular por sua eloquência verbal, profunda inspiração e, sobretudo, vida dedicada a servir, foi o primeiro mártir do cristianismo, apedrejado após um julgamento forjado no templo.

Apesar dos chamados internos a rever seus posicionamentos – todos os temos ao longo da caminhada –, Saulo negava, e resistia à possibilidade de aceitar novas ideias e conceitos, fiel que era ao pertencimento cultural, familiar e social que lhe conferia poder. Isso gerava um estado de fragmentação interna que lhe angustiava; porém, ele ainda não estava suficientemente sensibilizado ou motivado para a mudança. Por isso, continuou a perseguir os cristãos, e, em uma dessas caçadas, encontrou a jornada alquímica da transformação interior.

Enquanto seguia no deserto em direção à cidade de Damasco, perseguindo um cristão chamado Ananias, Saulo ia angustiado com a sua fragmentação interna. Vivia uma luta íntima, um sentimento de desilusão por manter-se fiel às tradições judaicas, sem encontrar a paz e a serenidade de alma que via refletida nos olhos daqueles mesmos cristãos que ele perseguia. Vivia para fazer valer a letra da lei enquanto o seu coração desejava a calma que só o contato com a essência possibilita. Mergulhado em suas angústias, Saulo se sentiu envolvido por um clarão, e uma doce e amorosa voz lhe perguntou: "Saulo, Saulo: por que me persegues? Duro te é recalcitrar contra os aguilhões", o que significa: duro te é perseverar na luta contra as evidências, na perseguição ao que sua alma ama mas não reconhece.

O jovem doutor da lei cambaleou e caiu ao solo, em pranto convulsivo, estupefato diante da percepção clara daquilo que sua alma já sinalizava. Em sua rigidez ele perseguia a si mesmo sem o perceber, pois, na verdade, sentia-se profundamente atraído pelos cristãos, porque via neles a vivência de valores nobres que seu coração conhecia em teoria mas não praticava.

Aquele instante marcou a conversão da sua alma e a mudança de roteiro da sua vida para sempre. Dali em diante, Saulo seria Paulo, grafia romana de seu nome, para simbolizar uma nova personalidade e um novo tempo. Com o mesmo rigor de personalidade que caracterizou a sua negação do cristianismo, Paulo abraçou os novos princípios e a fidelidade à propagação do que chamou de Boa Nova, o evangelho de Jesus, tornando-se o divulgador mais conhecido no mundo a levar a mensagem de amor aos gentios (os não judeus), fundar igrejas e escrever cartas (epístolas) – estas ficaram conhecidas mundialmente ao serem inseridas no Novo Testamento. Até hoje é o homem sobre o qual mais se escreveu e se estudou, após Jesus, na história do Cristianismo.

O que aconteceu após a sua conversão é o mais interessante para nós neste momento. Paulo encontrou-se momentaneamente cego e foi curado pelo mesmo cristão que perseguia, Ananias. Após recobrar a visão, ele sentiu que não poderia voltar à mesma vida. Essa é a representação da expansão de consciência a partir da qual se percebe a necessidade de estabelecer coerência entre valores e ações. Para Paulo, o acontecimento representou uma renúncia completa do ego aos cargos de poder que o farisaísmo lhe havia conferido. Sua alma fiel e firme deliberou seguir os rumos novos que o coração lhe sinalizara, apesar de ter percebido o alto preço que pagaria pela renúncia.

Paulo percebeu que não poderia voltar à vida social daquela maneira, pois seria execrado e se tornaria alvo da perseguição que ele mesmo estabelecera. Para que tivesse tempo de sentir os rumos novos e, sobretudo, aprender aquele evangelho novo que passara a aceitar no coração, decidiu refugiar-se no deserto e voltar a exercer a antiga profissão de tecelão humilde que aprendera por vontade de seu pai. Ele precisava costurar a própria alma, fragmentada em sentimentos antagônicos, em conflitos não solucionados, em desejos novos e antigos que precisavam encontrar reconciliação. (Para isso, o melhor caminho é o do casulo interior, no espaço desértico da solidão, pois que ninguém nos acompanha nessa jornada, na qual podemos deixar nascer e crescer as novas percepções até que elas estejam prontas para sustentar novas decisões e atitudes.)

Por três anos, Paulo ali ficou. Naquele oásis quase solitário, apenas na companhia de um casal de cristãos amigos, Áquila e Prisca, sedimentava o novo eu e preparava-se para o caminho de testemunhos que teria adiante, na vivência dos novos valores. Com humildade, ele tecia e estudava, orava e meditava, renovando-se dia após dia, até que se sentiu pronto para a luta e para voltar à sociedade, não mais como o judeu arrogante e dominador, mas como o cristão amoroso e decidido a partilhar o que passou a encher a sua alma.

Imagino quanta humildade e quanta coragem foram necessárias para que Paulo deixasse de ser Saulo e decidisse seguir nos caminhos do seu coração. Fico refletindo sobre quanta assertividade e quanta coragem a vida demanda de cada um para que não negue a si mesmo e ouse romper padrões, criar novos destinos dentro e fora das famílias, viver os valores com individualidade e harmonia em uma sociedade que massifica e padroniza o todo tempo.

O deserto é um tempo fundamental de transformação no fogo da solidão. É um espaço interior que se vive mesmo no meio da multidão. É um silêncio interno que prepara a ação, que denomina e metaboliza os sentimentos, que rega as sementes e que dá tempo para que elas cresçam e frutifiquem.

Quem não suporta o próprio deserto interior não vive a alegria da alquimia interna da transformação nem a força que ela promove. Sem o fogo da forja, o metal não conhece a maleabilidade que lhe renova as formas e lhe dá maior utilidade.

O deserto emocional não é um espaço de destruição nem de falta absoluta. É um espaço de encontro consigo, de autoconquista e de compromisso com a própria individualidade e a própria verdade interior. Podemos vivê-lo na solidão do estar sozinho ou na solidão a dois, dentro de uma relação afetiva; na dor partilhada ou desconhecida pelos outros; nos conflitos revelados ou secretos, na alma.

Por vezes, buscamos o deserto por vontade própria, necessitados de silêncio interno, sossego na alma e tempo para sentir. Às vezes, a vida o oferta, sem possibilidade de fuga. Ele vem na dor de uma separação conjugal, que nos devolve o encontro com a carência interior e com o sentimento de abandono; na saída dos filhos de casa para seguirem a própria vida, que nos oferta o retorno à percepção de nós mesmos; ou nos esforços de conquista para sedimentar os sonhos, por exemplo.

Já experimentei o deserto várias vezes na minha vida e, volta e meia, eu o busco consciente e decididamente para viver um espaço de cura e de expansão interior.

Lembro-me de um tempo importante de deserto emocional, que me foi fundamental para consolidar o autoamor e a construção de uma relação afetiva sustentada nos valores que, acredito, são fundamentais para um amor profundo e maduro. Naquele tempo foi muito duro dizer "não" para tudo aquilo que não representava o que eu buscava, a fim de me manter fiel ao que desejava. Igualmente desafiador foi enfrentar o tempo de adaptação e crescimento dentro da relação, sem impor ao outro a minha personalidade e sem me negar, no encontro do amor a dois. Mas, enfrentar esse deserto com coragem me trouxe a alegria de conhecer e conquistar a mim mesmo de uma maneira tão suficiente que possibilitou a construção de uma relação a dois que já superou todas as minhas expectativas, e que segue sendo um espaço de comunhão do amor sempre mais profundo e surpreendente.

Embora o deserto seja uma experiência solitária, ele requer que alimentemos o coração para suportá-lo. Paulo tinha Áquila e Prisca que, se não podiam fazer por ele o trabalho que lhe competia, sustentavam seu coração no propósito transformador, como companhia e incentivo. É fundamental buscar ajuda para enfrentar o deserto. Sem roupa apropriada, água e mantimentos ninguém suporta o calor excessivo do sol escaldante na cabeça. Igualmente, sem a nutrição interior da amizade, da família, dos afetos, da espiritualidade e da ajuda terapêutica, ninguém suporta o calor e a pressão dos sentimentos e das experiências interiores não denominados, não reconhecidos ou não amados, que esperam consciência, aceitação e reconciliação em nós. É preciso coragem para enfrentar o deserto, e é fundamental a humildade de pedir ou aceitar ajuda para percorrê-lo, pois, se ninguém pode fazer por nós o trabalho de vencermos e conquistarmos a nós mesmos, todos podem ser cireneus, suporte e auxílio na condução da própria cruz ao gólgota do testemunho, em que sedimentamos a coragem e a ousadia de sermos indivíduos com valores e vivências próprias no mundo atual, assim como seres livres das amarras da mágoa, do ressentimento ou da dor decorrentes de vivências traumáticas da caminhada.

O DESERTO É UM TEMPO FUNDAMENTAL DE TRANSFORMAÇÃO NO FOGO DA SOLIDÃO. É UM ESPAÇO INTERIOR QUE SE VIVE MESMO NO MEIO DA MULTIDÃO. É UM SILÊNCIO INTERNO QUE PREPARA A AÇÃO, QUE DENOMINA E METABOLIZA OS SENTIMENTOS, QUE REGA AS SEMENTES E QUE DÁ TEMPO PARA QUE ELAS CRESÇAM E FRUTIFIQUEM.

Capítulo 13

RECONCILIAÇÃO COM PAI E MÃE: ACEITAÇÃO, GRATIDÃO, HONRA

Quando nos reconciliamos com nossos pais, a paz que sentimos no coração é uma das maiores formas de liberdade.
THÍCH NHAT HANH

NINGUÉM SE SENTE INTEIRO NA VIDA SE NÃO TRAZ NO CORAÇÃO A liberdade de amar honradamente pai e mãe. Eles são os primeiros e fundamentais amores que todo filho traz no coração e no corpo.

Em cada mínima célula, o amor desse casal está unido de forma inequívoca e eterna.

Na relação com os pais só há um sentimento essencial que garante ao filho a paz interior: o da gratidão pela vida, pelo que foi possível.

Graças aos pais e, muito particularmente, à mãe, cujo sacrifício pessoal possibilitou a vida, o filho teve uma chance. Isso é o essencial.

Quando falamos desse nível de conexão com a alma, não importa como a vida seguiu e o que ocorreu depois – isso diz respeito ao nosso destino pessoal.

A paz interior, na vida adulta, não depende exatamente das condições de vida que tivemos, mas, sim, de como nos portamos, no presente, diante do que nos aconteceu. Isso significa que temos condição de fechar feridas emocionais infantis, cicatrizar as lesões da falta ou do excesso e ressignificar o que foi vivido.

A gratidão que enche o coração é aquela que se curva diante da grandeza da vida, da magnitude de existir no aqui e no agora, nessa maravilhosa oportunidade no tempo e no espaço.

Esse sentimento é possível quando limpamos o terreno das exigências infantis, cortando a erva daninha das queixas e das lamentações para deixar crescer a reverência à força e à grandeza dos pais.

Na vida adulta, é nosso o compromisso com a nossa criança interior, como temos dito; é nosso o compromisso de dar a ela o que ela necessita, em vez de continuar a cobrar dos pais o que deveriam fazer ou ter feito pela nossa felicidade.

Quando assumimos um compromisso de amor conosco, liberamo-nos para ver a grandeza que há na imperfeição das pessoas comuns que nos acolheram como continuidade do seu amor na função de pais, fazendo o que lhes foi possível.

Ninguém caminha para a plenitude sem honrar pai e mãe.

A gratidão é o fundamento da honra, e o pilar da gratidão é a aceitação.

Aceitação não é aprovação nem desaprovação; aceitar é desistir de julgar. É abandonarmos a arrogância do sentimento de superioridade, que nos faz achar que podemos dizer aos pais como deveriam ter sido ou ser, tanto quanto a arrogância oculta por trás das exigências de perfeição. Só eles sabem quanto lhes custou caminhar nos seus próprios sapatos. Só eles conhecem o preço que pagaram pela vida, deles mesmos e a dos filhos.

Nossos pais não estão em um tribunal para ser analisados, julgados e aprovados. Eles estão na vida para ser respeitados, o que é diferente de ser obedecido ou adorado.

Quem respeita os pais ama em si o que veio deles, respeitando também a si mesmo. A autoestima se fundamenta no respeito aos pais e à sua herança em nós.

Quem aceita os pais como pessoas imperfeitas que são também passa a aceitar a si mesmo como um ser imperfeito, sem tantas exigências de perfeição. A paz interior decorre de um estado íntimo de acolhimento daquilo que somos enquanto seguimos na trajetória contínua de aprimoramento, que é trajetória natural de todo ser humano.

Aceitar abre caminho para o assentimento, que é a reverência profunda à vida, o dizer "sim" à realidade como ela é. Aceitar ainda é do ego; assentir é da alma. Quem aceita ainda precisa se libertar do desejo de julgar. Quem assente à realidade se mostra harmonizado com a vida tal qual ela se mostra. Há uma enorme paz decorrente do assentir às pessoas como são e ao mundo como ele é. Bert Hellinger, terapeuta alemão desenvolvedor das constelações familiares, ensina que essa é a etapa mais profunda da vida: o assentir à realidade como ela é.

Naturalmente, as crianças não estão aptas a assentir, envoltas que estão nas necessidades próprias. É ao adulto que cabe colocar-se em paz com a realidade, metabolizando o que foi vivido e liberando-se para amar as pessoas reais que são pai e mãe, para além das figuras idealizadas que imaginava que eles deviam ser ou que desejava que fossem.

A aceitação e o assentimento nutrem a gratidão porque permitem que o olhar esteja no que foi cheio nessa vivência de amor que permitiu a vida, e que, muitas vezes, foi vivida em meio a conflitos, lutas, dores e sentimentos antagônicos.

Frequentemente, nos *workshops* de constelação, ouvimos pessoas dizerem: "minha mãe tentou me abortar", "meus pais não me queriam" ou, ainda, "eu não sou fruto de uma relação de amor". Essas falas refletem o conflito e os desejos da criança interior ferida que ainda está no comando, e que ainda não foi acolhida pelo adulto que a pessoa já se tornou.

Igualmente, ouvimos perguntas sobre como amar pais que não ficaram ou que "abandonaram" (entre aspas, porque isso é interpretação e nem sempre a realidade) os filhos, ou ainda, como amar pais que geraram filhos em relações não consentidas.

Aos filhos pertence a grandeza de tomar a força da vida como ela lhes foi dada. Existir é algo grandioso e, quando a vida se impõe em circunstâncias difíceis, a despeito da vontade dos genitores e inclusive lhes custando sacrifícios enormes, compete ao filho olhar com muito respeito para os pais, sobretudo para a mãe, deixando com eles o que lhes pertence e guardando no coração uma profunda reverência pelo seu sacrifício.

O destino mais difícil pertence àquela mãe que ficou sozinha no desafio de acolher os filhos, sem ajuda do pai ou da família, e que venceu a si mesma para dar conta daquele destino. Se ela viveu conflitos para ter ou não o filho, isso não diz respeito ao filho, mas, sim, ao seu conflito como mulher, que deve ser respeitado. Só ela sabe o quanto lhe custou.

É claro que todo filho deseja ser amado e nutre a expectativa de ser fruto de uma relação de amor idealizada entre pai e mãe, e de não ter experimentado nenhuma sensação de rejeição ou de abandono. Essa expectativa é justa e parte das necessidades da criança. No entanto, é uma necessidade infantil que não enxerga o amor materno ou a sua grandeza.

O que custa maior amor a uma mãe: acolher um filho desejado ou acolher um filho não desejado? Um filho planejado ou um que a vida lhe impôs como destino? Um filho vindo de uma relação de amor consentida ou do assentimento à consequência de algo que independeu de sua vontade?

Aqueles que vêm de experiências anômalas, e a quem é permitido viver, são mais amados do que aqueles que vêm das experiências idealizadas, pois as circunstâncias requerem da mãe que assim o seja. Esse "sim" à vida ofertado pela mãe é um amor maior, grandioso, difícil de ser vivido e que merece todo respeito.

Quando o filho acolhe na alma a grandeza de existir tal como a vida pôde ser, ele se libera para construir a melhor versão de si mesmo, na continuidade da existência, movendo-se para o destino mais leve e mais amplo possível.

Lembro-me de ter presenciado um filho – fruto de uma relação sexual não consentida pela mãe – enxergar, pela primeira vez, o amor e a grandeza dela em um *workshop* de constelação, e foi uma das experiências mais emocionantes que já tive. Distanciando-se do julgamento moral, ele olhou para ela – representada por outra pessoa naquela vivência, tal como é o método da constelação familiar – e pôde dizer, muito emocionado: "Querida mamãe, de você veio a vida e eu a tomo ao preço que te custou, com absoluto respeito. Deixo a você o seu destino, com respeito e reverência, e vê-la lidar com ele com dignidade enche meu coração. Muito obrigado por ter me permitido viver, ao custo do seu sacrifício, do qual eu me sinto devedor. Em sua homenagem e cheio de gratidão, vou fazer da vida a melhor e a maior experiência possível, por amor a você".

E ele pôde ver a representante da mãe sorrindo para ele como resposta àquela postura, pois a ela pertencia o destino difícil, que ela enfrentou com dignidade. Ao filho pertencia o direito de existir e de amar a vida, com toda a sua complexidade, podendo seguir no fluxo da honra e da gratidão à fonte da vida.

A aceitação sustenta a gratidão, e esta possibilita a honra.

Honrar pai e mãe não é ficar preso a eles, cuidar deles como se fossem crianças. Honrar é respeitar-lhes a grandeza e ir para a vida enraizado na força deles, retornando a eles com gratidão para viver a alegria da partilha, da convivência e do usufruto da existência, com quase o mesmo carinho e a mesma ternura que eles tiveram para conosco, porém, no lugar pequeno de filho que sabe os limites da ordem e a respeita.

Quem honra os pais honra a vida.

Ao tomar a força da vida como ela lhe chegou, o filho não só reverencia os pais, mas também todos os seus antepassados que, à sua maneira, fizeram o que foi necessário para que a vida passasse adiante, chegando até aquele que está na ponta, como filho.

Se quem está nessa ponta não toma a força da vida, preso a mágoas, ressentimentos, exigências ou dó daqueles que vieram antes, fica preso à inversão de ordem e estanca o fluxo da vida na direção do mais.

Certa vez, li algo de um amigo, Luís Henrique de Oliveira, também constelador que vive em São Paulo, que exemplifica muito bem essa ideia: "Aqueles que vieram antes e carregaram o piano só se alegram quando aqueles que vieram depois sentam e o tocam, fazendo música para os que virão depois". Linda imagem.

Se aqueles que recebem a herança graças ao sacrifício dos pais ficam presos à imagem de dor que lhes possibilitou a vida, com dó daqueles que honradamente viveram o sacrifício – e que, portanto, merecem admiração por terem vencido, e não dó –, ou estacionados na exigência de um destino diferente, não tomam a grandeza do lugar e da possibilidade que lhes foi dada.

A imagem que tenho para esse movimento é a daquele indivíduo que está no alto de uma pirâmide humana. Ele ali está porque, abaixo dele, na base da pirâmide, vários outros indivíduos se sacrificam, suportando e dividindo o peso, o que permite àquele que vem depois deles subir mais alto e ser e mais livre.

Se aquele que está no topo e pode ver mais amplo e mais longe fecha os olhos, imaginando como teria sido o caminho até ali, ou, ainda, olha para baixo para consolar ou confortar os que lá estão, ele perde a oportunidade de viver seu destino e, com isso, desonra aqueles que ali o colocaram.

Mas se, em vez disso, faz valer o sacrifício dos que vieram antes e celebra a alegria de poder ver mais alto e mais longe, ele percebe que a sua alegria é a alegria de todos os que vieram antes, e que o seu sucesso é o sucesso de todos os seus antepassados, assim como o dos que virão depois, e que irão ainda mais longe graças ao seu sacrifício; o sucesso deles será também o seu.

Aceitação, gratidão e honra são o fundamento da paz interna e a base para uma vida plena. Para vivê-la, como já dissemos, é preciso limpar o terreno e retirar a erva daninha, o que também equivale a dizer: sobreviver aos pais.

ACEITAÇÃO, GRATIDÃO E HONRA SÃO FUNDAMENTOS DA PAZ INTERNA E BASE DE UMA VIDA PLENA.

"QUERIDA MAMÃE, DE VOCÊ VEIO A VIDA E EU A TOMO AO PREÇO QUE TE CUSTOU, COM ABSOLUTO RESPEITO."

Capítulo 14
SOBREVIVENDO A PAI E MÃE: DESOBEDIÊNCIA HONROSA

É livre aquele que tem em si mesmo o princípio para agir ou não agir, isto é, aquele que é causa interna de sua ação ou da decisão de não agir.
ARISTÓTELES

14

ÀS VEZES, PARA HONRAR OS PAIS, É PRECISO SE APROXIMAR deles; às vezes, é preciso se afastar. E sempre é preciso sobreviver a eles.

O caminho da individualidade é o de lidar com o próprio destino e assumir a grandeza de ser quem se é. Isso requer fechar as feridas da sua história e caminhar na direção da autonomia da vida adulta, responsável por si mesmo e verdadeiramente livre.

Embora pai e mãe sejam o amor fundamental que sustenta a vida de todo filho, eles são seres humanos, comuns e imperfeitos que fazem o que lhes é possível. Também eles trazem a dor daquilo que não foi vivido em plenitude na sua própria história, feridas que não foram curadas e dores de variadas naturezas, o que gera muitas circunstâncias difíceis para os filhos.

Muitas pessoas cresceram em ambientes violentos, emocional ou fisicamente, com pouco ou muito afeto, em que se usavam palavras duras ou ferinas que deixaram marcas profundas, e muitas continuam a vivê-lo na relação com os pais, na vida adulta.

Colocar-se em um estado de assentimento na relação com os pais é tomar a distância necessária para promover individualidade e respeito. Há famílias que favorecem esse cenário, e há outras que não o fazem.

Aceitar os pais como são é colocar-se empaticamente no lugar deles, abrindo mão das exigências infantis para poder vê-los como indivíduos.

Elaborar o que se viveu na relação com os pais é fundamental para se viver a honra. As crenças negativas inculcadas a partir da expressão direta ou percebidas indiretamente e as palavras agressivas ou pejorativas que foram semeadas na memória têm um profundo efeito na vida adulta. Muitas pessoas têm dificuldade de seguir adiante por sentimentos de incompetência, incapacidade, timidez excessiva, temor ou insegurança devido aos efeitos dessa vivência em família. É natural que essas experiências marquem. No entanto, elas não precisam ser megafones internos que gritam e comandam a vida como ordens expressas. É possível diminuir essa voz até que ela se torne um sussurro interno em vez de um comando castrador da individualidade. Para isso é preciso metabolizar as crenças e ressignificá-las, modificar a visão de si mesmo e sedimentar a autoestima, questionar as vozes interiores e ousar ter as próprias ideias a respeito da vida e de si mesmo, o que pode ser alcançado em um processo de autoconhecimento e em um trabalho psicoterapêutico com ajuda profissional adequada.

Sobreviver aos pais requer também perceber as lacunas deixadas no processo educacional para comprometer-se consigo mesmo na busca dos nutrientes adequados, no presente. É o que acontece quando fazemos um exame de sangue e verificamos nossos níveis de vitaminas e minerais. De repente, descobrimos que temos deficiência de vitamina D ou B12, ou de um mineral como zinco ou ferro. O que fazemos, então? Não acusamos a dieta, olhando para o passado e procurando culpados. Assumimos, naquele momento, o compromisso de repor o que falta e analisamos o passado para perceber o que precisa ser corrigido no presente, com o objetivo de estarmos mais sadios e termos aquilo de que precisamos à nossa disposição.

Então, não é justo que percamos tempo com acusações sobre o que faltou na relação com nossos pais. Eles fizeram o melhor que puderam, e se não fizeram mais foi porque não estavam livres para isso, sadios o suficiente, ou estavam ocupados com outras questões internas que lhes eram de maior importância. Aos filhos não cabe julgar, só os pais sabem o que podiam e, muitas vezes, nem eles mesmos sabem o que lhes era possível ou não, porque estavam ocupados sobrevivendo à própria história. Para estarmos em paz, devemos buscar o que precisamos hoje.

Ao passado, pois, cabe o olhar de gratidão ao que foi possível. Ao presente, o compromisso de fazer o que é necessário por si mesmo e passar a vida adiante.

Atualmente, percebemos muitas pessoas alongando o período da adolescência, vivendo na casa dos pais para além do que seria adequado e experimentando dificuldades em viver a autonomia da vida adulta.

É muito comum, em *workshops* de constelação, vermos filhos adultos que moram com os pais e que permanecem no lugar da queixa e da acusação, julgando o comportamento deles, querendo sempre mais.

Filhos adultos que permanecem na casa dos pais após os 25 anos, mais ou menos, já estão abusando dos pais. E muitos ficam com o incentivo dos próprios pais. Essa situação sustenta a inversão de ordem, quando filhos se comportam como maridos ou esposas dos pais ou ainda como pais dos próprios pais, em situações sempre conflitivas e que custam ao filho a liberdade de seguir a própria vida.

Filhos que permanecem na casa dos pais obedecem às regras dos pais. "Come do meu pão, segue minha religião", já diz o ditado. Cada um manda em sua própria vida na medida em que paga as suas contas e segue o seu próprio destino, com a liberdade e a responsabilidade que isso requer.

Muitos filhos cultivam feridas infantis na relação adulta com os pais e as agravam exatamente porque se recusam a pagar o preço da autonomia, permanecendo no lugar de crianças eternas, com efeitos não só na relação com os pais, mas também na relação de casal, profissional, com os amigos etc. Porém, isso é insustentável na relação entre adultos.

Sobreviver aos pais requer também aceitar pagar o preço do autocuidado na vida. Lembro-me bem de como foi difícil para mim abrir mão da ajuda financeira dos meus pais quando eu já era adulto e já havia começado a vida profissional. Não foi difícil porque eu ainda precisasse dela, mas porque estava apegado a ela.

*

Alguns se apegam ao que têm ou tiveram; outros, ao que lhes falta ou faltou.

Há quem não abra mão do que recebe, e há quem não se desvincule do lugar de vítima por não ter, ou por não ter tido.

Qualquer que seja a situação, sobreviver aos pais representa também aceitar que o próprio destino não é feito nem das faltas nem do que é presente, mas daquilo que decidimos fazer de nós mesmos, hoje. E, nesse quesito, só o compromisso de fazer o que cada fase da vida requer pode nos dar a verdadeira dignidade e a liberdade da vida adulta.

Igualmente, pertence à dignidade dos pais liberar os filhos para a própria vida e facilitar a sobrevivência deles por si mesmos. Facilitar, aqui, não significa fazer por eles, e, sim, confiar em sua capacidade e deixar que eles percorram o caminho de luta, conquista e superação com a grandeza que lhes é própria.

Pais que se preocupam com filhos adultos os levam ao fracasso pessoal. Basta estar ali para eles, sem ocupar-se daquilo que é deles, como se fossem incapazes. Filhos não merecem dó dos pais, assim como os pais não merecem dó dos filhos.

O amor que confia e dá espaço e liberdade, cobrando responsabilidade, é um amor grandioso e que requer mais dos pais, mas que, paradoxalmente, deixa-os mais livres, assim como aos filhos, para viverem suas próprias vidas.

Para se viver a alegria de uma vida mais leve é preciso, pois, viver a honra aos pais, que só a aceitação e a gratidão possibilitam, como já vimos. No entanto, antes ou depois disso (cada um tem seu tempo) é preciso igualmente viver o segundo movimento que a vida adulta nos traz: a desobediência aos pais.

Só quem desobedece segue a sua própria vida.

Essa desobediência não é a afronta que vem do desrespeito (o que negaria a honra), mas o direito interno de construir os próprios caminhos e a própria vida com liberdade e individualidade, e com autonomia na vida adulta. Isso significa, muitas vezes, seguir por caminhos distintos daqueles que os pais desejam ou sonham para os filhos, decepcionando-os em alguma medida.

Essa decepção, quando sustentada no respeito, não é problema. Os pais são grandes e dão conta de metabolizar os seus sentimentos. Alguns já o fizeram ao longo da vida, de maneira a deixar os filhos livres para viverem seu próprio destino sem culpa, e até os incentivaram a isso. Outros têm de enfrentar as suas próprias dores, como filhos dos seus pais, as suas feridas infantis não curadas ou a expressão de suas vontades, sonhos não realizados e desejos frustrados projetados nos filhos. Qualquer que seja a realidade, os pais dão conta.

Quando os filhos chegaram, eles já eram grandes, já eram adultos.

No entanto, muitos filhos experimentam culpa por seguirem sua própria vida ou por desobedecerem os pais. É que muitos desejam cuidar dos pais como se eles fossem crianças (vínculo de amor cego) ou retribuir-lhes os cuidados recebidos, fazendo a vontade deles. Por mais que tentem, os filhos não são capazes de chegar nem perto de fazer pelos pais o que estes fizeram por eles, como filhos. A vida é impagável.

Ficar preso à vontade dos pais igualmente não é uma expressão de gratidão, porque não faz valer o esforço e o sacrifício deles. No entanto, quando o filho vai para a vida e cuida bem do filho dos seus pais, ou seja, de si mesmo, passando adiante o que recebeu, faz valer o amor dos pais na grandeza da continuidade da vida. Serão os seus filhos – ou as obras de amor na vida – que receberão a gratidão aos pais. Para conseguir fazer isso, o filho precisa desistir de fazer algo pelos pais como se fosse maior que eles e respeitar o seu lugar de pequeno na ordem, ainda que os pais não o respeitem.

Filho não é confidente nem amigo dos pais. Filho é filho, pais são pais. Isso é muito maior do que uma relação de amizade, que pressupõe uma relação entre iguais. A relação entre pais e filhos envolve hierarquia e ordem e é de uma natureza de estabilidade e amor muito mais profundos do que a amizade, quando sadia.

Então, quando há culpa, para se liberar para a vida os filhos precisam seguir com essa culpa embaixo do braço e com muito respeito pelos pais no coração. Aos poucos, nos caminhos da individualidade, a culpa do filho vai se desfazendo à medida que a satisfação de ser quem ele é vai encontrando também a alegria nos pais por vê-lo feliz. Isso pode levar tempo e é preciso suportar o processo. A culpa vai se desfazendo como uma camisa vai desbotando ao ser lavada, pouco a pouco, dia após dia, a cada passo no caminho para a individuação.

Portanto, honrar os pais, sobreviver a eles e desobedecê-los honradamente são um só movimento que sustenta a autonomia e a liberdade da vida adulta. Para isso é preciso cuidar das necessidades infantis ainda vigentes, desistir do que é necessário desistir, preencher as lacunas do processo educacional e comprometer-se consigo mesmo em um nível mais profundo.

Tudo isso começa com uma pergunta: para seguir adiante e ser livre para a vida adulta, o que a minha criança interior precisa?

HONRAR OS PAIS, SOBREVIVER A ELES E DESOBEDECÊ-LOS HONRADAMENTE SÃO UM SÓ MOVIMENTO QUE SUSTENTA A AUTONOMIA E A LIBERDADE DA VIDA ADULTA. PARA ISSO É PRECISO CUIDAR DAS NECESSIDADES INFANTIS AINDA VIGENTES, DESISTIR DO QUE É NECESSÁRIO DESISTIR, PREENCHER AS LACUNAS DO PROCESSO EDUCACIONAL E COMPROMETER-SE CONSIGO MESMO EM UM NÍVEL MAIS PROFUNDO.

Capítulo 15
PERDÃO E RECONCILIAÇÃO

O fraco jamais perdoa: o perdão é uma das características do forte.
MAHATMA GANDHI

O PERDÃO É ESSENCIAL TANTO PARA A SAÚDE FÍSICA QUANTO PARA a mental.

Sem ele, acumulamos tóxicos interiores que se transformam em adoecimentos físicos e psíquicos.

Embora muito falado, esse é um tema pouco compreendido, e sobre ele há muitas crenças errôneas.

Comecemos, portanto, por dizer o que não é o perdão: ele não é passividade, não é esquecimento obrigatório das ofensas nem ausência de reação à agressão ou à violência.

O perdão é liberação pessoal das amarras que limitam o bem-estar, a autonomia e a saúde mental.

Quem perdoa decide liberar-se de um peso, de uma limitação, da escravidão a um jugo, do poder opressor de uma situação, um contexto ou uma vivência, ampliando a visão e a capacidade de sentir.

Há um perdão que é religioso e não é espiritual. É aquele que é movido pelo "tenho que": "tenho que perdoar", "tenho que esquecer", "tenho que renunciar ao meu direito de estar ofendido"… Essa obrigatoriedade se conecta também a uma inibição do sentimento: "não posso me sentir mal", "não posso ficar ofendido", "é errado guardar mágoa, é pecado"…

Quem assim pensa se conecta a uma interpretação dogmática e superficial das religiões sem absorver o seu sentido sagrado e profundo. É como se, para sermos espirituais, devêssemos renunciar à nossa humanidade. Na verdade, quanto mais humano alguém é, mais espiritual se torna.

O perdão espiritual vem da metabolização das emoções e dos sentimentos, da consciência, da transcendência e da transformação, da liberação das exigências do ego, da comunhão no essencial e no sagrado.

Para atingi-lo é preciso se aprofundar na conexão com a humanidade, enfrentar os recantos mais sombrios e ocultos de si mesmo e lançar luz à própria humanidade, com coragem, aceitação e desenvolvimento da autonomia.

Para isso, podemos considerar pedagogicamente algumas etapas a serem vividas.

ETAPAS PSICOLÓGICAS DO PERDÃO

- » Reconhecimento da raiva e dos sentimentos
- » Acolhimento de si mesmo com amorosidade
- » Decisão de perdoar e se liberar das amarras
- » Alteridade e humanidade: entendimento das circunstâncias e do outro
- » O que negamos nos domina, o que acolhemos nos cura
- » Ressignificação e integração da experiência emocional
- » Liberação progressiva do sofrimento até a lembrança sem dor

Reconhecimento da raiva e dos sentimentos

Na primeira etapa é essencial reconhecer que a raiva é uma emoção natural que sinaliza um interesse não acolhido ou uma necessidade não atendida, uma dignidade não reconhecida ou desrespeitada, um direito não validado.

Ela é a expressão de uma interpretação da realidade ou a manifestação de um sentimento subjacente de abandono, traição, desconsideração, desrespeito etc.

Como sinalização, ela demonstra que ali há um evento que pede a nossa atenção e o nosso reconhecimento. Se for negada, ela será cristalizada em mágoa.

Toda mágoa contém raiva acumulada, e, por isso, quando começamos a trabalhar o perdão, nós nos conectamos a raivas contidas e "esquecidas" – frequentemente reprimidas–, ou mesmo não conhecidas.

Se for exacerbada, ela se manifestará como agressividade e violência, manifestações adoecidas que geram muitos transtornos.

A raiva respeitada e sadia é aquela que nos comunica a nossa necessidade, evidencia nossas expectativas e demonstra o que precisamos fazer por nós mesmos.

Muitas experiências traumáticas antigas, como feridas da infância ou da juventude, permanecem inalteradas dentro de nós em decorrência da não permissão da vivência da raiva, mantendo-se como nós emocionais que impedem o fluxo da vida.

Perdoar é resgatar a dignidade pessoal diante de si mesmo.

O primeiro passo para esse resgate é dar-se o direito adulto e autônomo de reconhecer a dor, a vulnerabilidade, a lesão afetiva e o que sentimos em relação a ela.

A raiva precisa ser gritada, colocada para fora; não nas relações (embora, às vezes, virar a mesa também ajude a colocar limites), mas em si mesmo.

Lembro-me de uma paciente que foi para a praia sozinha, para uma área deserta, e gritou tudo o que precisava, conscientemente. Outra aproveitou uma aula de *crossfit* e, ao fazer um exercício com bola, arremessou-a ao chão raivosamente, várias vezes, conscientemente, mobilizando a energia contida. Ambas experimentaram alívio e leveza depois. A que fazia *crossfit* saiu da aula tão leve que, ao chegar em casa, sentiu uma vontade espontânea de fazer uma limpeza na casa toda. Simbolicamente, fez uma faxina na alma. Ela sentia uma grande raiva do ex--marido e mágoa de si própria por ter sido tão passiva e ter-se permitido dominar. O ex-marido não a deixava ouvir música em casa. Ela, então, decidiu faxinar ouvindo música alta e, além da limpeza, permitiu-se dançar e fluir na leveza e na flexibilidade do seu corpo. Ali, ela tomou posse de si mesma.

A liberação da raiva é somente a faxina grossa interior que o perdão representa, mas significa um enorme passo.

Acolhimento de si mesmo com amorosidade

Após o reconhecimento e a liberação da raiva é preciso ir além das sensações e das emoções, que estão ainda na ponta do *iceberg*, e reconhecer os sentimentos subjacentes para acolhê-los com amorosidade.

Temos direito a nos sentirmos tal e qual nos sentimos, em qualquer experiência.

O que sentimos não significa nada positivo nem negativo a nosso respeito, apenas demonstra a maneira como experenciamos uma situação e como a interpretamos.

Quando somos movidos por um discurso moralista, julgamos e reprimimos os sentimentos, tentando nos encaixar nas formas preconcebidas dos nossos sistemas familiar, social e religioso. Isso provoca muita angústia.

Por isso, a segunda etapa psicológica do perdão é o acolhimento amoroso do que sentimos.

Estou convencido, pela minha experiência de vida e pelos quase vinte anos de prática clínica com os mais variados tipos de pessoas e dores humanas, que só há transformação real no poder do amor. E ele começa no autoamor.

O autoamor não é um sentimento inato, mas um firme compromisso consigo mesmo e com a própria dignidade.

Ao acolher o que sentimos, nós nos permitimos denominar, reconhecer, aceitar e acolher com amorosidade o que precisamos fazer diante desses nossos sentimentos.

Esses sentimentos expressam as marcas afetivas que a educação e a família imprimiram em nós, bem como a nossa singularidade interpretativa da realidade a partir de nossos temperamentos individuais. Eles refletem o nosso lugar na ordem familiar e o quanto ela define a nossa maneira de sentir o mundo.

Decisão de perdoar e se liberar das amarras

A partir desse diagnóstico afetivo ou reconhecimento, buscaremos nos munir de recursos para lidar com o que vive em nós.

O primeiro passo, nessa etapa, é a decisão de nos dar o direito de nos liberarmos do que é pesado ou do que nos limita a experiência, ou seja: perdoar.

O perdão é um processo no tempo, e a decisão inicia uma etapa de liberação importante. Quando não há essa decisão, nutrimos a expectativa infantil de que o alívio das nossas opressões virá do outro, de um movimento espiritual exclusivo, desconectado do esforço pessoal, ou de alguma transformação mágica.

A decisão de se liberar se conecta ao compromisso de acionar os recursos necessários para tal, com as ajudas possíveis e necessárias.

Quem decide coloca em movimento o que foi sentido. E cura é movimento.

Alteridade e humanidade: entendimento das circunstâncias e do outro

Uma etapa importante na metabolização do que foi vivido é distanciar-se um pouco da experiência para ampliar o olhar e conferir, ao outro e a si mesmo, o reconhecimento da humanidade.

Quem fica imerso em uma vivência não tem liberdade para ampliar o olhar; fica como alguém que olha para um ponto fixo em uma folha colada ao rosto: não há distância suficiente para enxergar a folha inteira. Há que se distanciar um pouco para ver o todo.

Da mesma forma, às vezes é preciso tempo para permitir um distanciamento afetivo do colorido emocional de uma experiência ou relação, para que se possa enxergar para além dos próprios interesses ou interpretações imediatas.

Quando estamos prontos para isso, começamos a enxergar a humanidade comum e imperfeita de todos os envolvidos em uma experiência, o que permite relativizar impressões e desabrochar a compaixão.

Quanto mais mergulhamos na nossa sombra, mais humanos e compassivos nos tornamos.

A imperfeição e a vulnerabilidade nos conectam e nos fazem questionar a rigidez e a inflexibilidade interpretativa de uma vivência.

Todo julgamento moral é maniqueísta, ou seja, está fixado em uma visão e em uma percepção que não abarcam o todo.

Quanto mais conscientes somos, quanto mais amplamente compreendemos a humanidade, maior a nossa habilidade de nos liberarmos do peso da dor proveniente de uma experiência.

Quantas pessoas se liberam de necessidades infantis e de críticas profundas aos pais quando têm a oportunidade de se tornarem pais, por sua vez, e experenciar esse lugar no mundo, seus prazeres e desafios?

A empatia é o recurso de desenvolvimento da compaixão quando nos permite sentir a vida na pele do outro, desvestidos de nós mesmos e a partir de sua interpretação de mundo. Ela promove conexão e possibilita passos seguros na direção do perdão.

A alteridade é a arte de reconhecer, respeitar e validar as diferenças sem a projeção de nossas expectativas excessivas sobre o outro.

Para que a empatia e a alteridade floresçam e permitam ampliar e ressignificar sentimentos e emoções, é preciso reconhecer a nossa sombra pessoal – aquilo que não vem à luz da consciência e que fica oculto em nós, negado ou reprimido, segundo a psicologia analítica junguiana.

Quem não faz contato com a sua sombra não perdoa, pois o lugar de ofendido ou de vítima é um lugar de pretensa superioridade sobre o outro.

Sem a consciência do que é sombrio em nós não é possível abandonarmos o privilégio do ofendido, o ganho secundário da vítima, o destaque, ainda que adoecido, de quem foi lesado.

Todos somos imperfeitos e todos ferimos a nós mesmos e aos outros em algum momento ou em uma relação.

Todos temos aqueles que nos amam e nos são gratos, e aqueles que podem nos acusar por alguma experiência.

O reconhecimento da sombra gera flexibilidade e compaixão quando lidamos conosco de forma acolhedora, sem o rigor da autocobrança excessiva ou da crueldade pessoal.

O que negamos nos domina, o que acolhemos nos cura

Lembro-me de uma paciente atendida no posto de saúde no qual eu recebia os alunos do 11º e do 12º períodos de medicina, quando era preceptor do Internato de Atenção Integral à Saúde da Faculdade de Medicina de Alfenas, no campus de Belo Horizonte.

Um desses alunos me apresentou o caso de uma senhora portadora de hipertensão arterial descontrolada. Ele havia feito uma anamnese rigorosa, avaliando hábitos alimentares e de exercícios físicos, exames de sangue e medicações – várias –, e nada explicava por que ela não conseguia controlar a pressão. Após avaliarmos todas as informações e, percebendo que algo a movia muito intimamente, perguntei a ela: "Alguma mágoa importante e muito ativa no seu coração?". Ela ficou com os olhos cheios de lágrimas imediatamente e disse que sim, e começou a contar uma situação dramática que havia vivenciado. Nós a acolhemos e a ouvimos com respeito, em clima de segurança e de validação de sua dignidade, e ela pode se sentir empaticamente acolhida, segundo disse. O que vimos nas semanas e meses seguintes foi um desabrochar. Sem nenhuma mudança medicamentosa, ela controlou a pressão arterial e passou a experenciar uma expansão curativa muito significativa no movimento de cura pessoal.

O que não pode ser reconhecido e validado em nós nos domina e se converte em sintomas físicos e mentais.

Uma parte importante da conexão com a nossa sombra é reconhecer a maldade em nós.

Quem se acha muito bom mas guarda mágoas vive uma ilusão de autopercepção e cultiva o rancor ou o ressentimento, ainda que ocultos nas angústias sem nome que carrega no peito ou nas doenças psicossomáticas de causa desconhecida que desenvolve.

O magoado não quer alívio; quer vingança. Ele não deseja perdoar simplesmente, ele deseja que o outro se humilhe pelo perdão e que sofra para consegui-lo. Dessa maneira, reafirma o seu lugar de superioridade como vítima e o seu sentir-se especial.

Sem tomar consciência desse aspecto e, sobretudo, sem desistir dessa expressão, fica muito difícil validar a conexão humana e empática que sustenta a compaixão.

O perdão é acompanhado de equilíbrio que restaura a dignidade dos envolvidos e não de vingança que torna indigno quem pratica ou quem sofre a sua ação.

A sombra pessoal é composta de múltiplos elementos que, quando não são reconhecidos, tornam-se autônomos e ganham força.

O orgulhoso que não valida o orgulho é dominado por ele.

O invejoso que não reconhece a inveja a projeta em todas as relações.

O insensível que não percebe a própria indiferença mata os afetos.

O violento que não se percebe agressor vira um abusador.

E assim por diante.

Ressignificação e integração da experiência emocional

À medida que avançamos na validação das emoções, no reconhecimento dos sentimentos, na decisão de liberação pessoal, na empatia e na compaixão, criamos a estrutura necessária para a ressignificação e a integração da experiência emocional integral.

"Ressignificar" é o ato de dar novo sentido, agora movido pela decisão consciente, reafirmando o que for justo e modificando o que for necessário a partir do olhar ampliado e da maturidade do presente.

A ressignificação é como a arrumação do armário: colocamos cada coisa em seu lugar, e sabemos o que cada uma delas é e onde está, mantendo-as acessíveis para quando desejarmos reavê-las.

O perdão ressignifica as vivências, permitindo que decidamos o que guardar e como guardar, na autonomia da vida adulta, sem os acúmulos inconscientes e automáticos que se sucederam ao evento que nos magoou.

Parte importante dessa ressignificação é o ajuste das expectativas infantis que cultivamos, transformando-as em expectativas adultas e amadurecidas.

Expectativas infantis são todas aquelas que esperam que o outro, ou o mundo, seja o paraíso no qual vivenciamos prazeres e satisfações sem um preço a pagar. No mundo real, todo ganho é acompanhado de uma perda.

Expectativas adultas são aquelas que reconhecem luz e sombra, bem e mal, e que que têm espaço para a contradição humana, sempre presente nas relações. Migrar de uma para outra, cultivando inocência e maturidade, abertura e cuidado, presença e preservação, diminui as chances de sermos feridos e afetados pelas experiências de cada dia.

A integração emocional é a apropriação da experiência, é o voltar a se sentir confortável na própria casa e na própria pele.

Quando uma experiência é integrada ela deixa de doer; é como uma cicatrização, com suas consequências. Toda cicatriz é indolor, embora também seja um tecido rígido e insensível.

Mas a integração de uma experiência não representa a cura integral, com liberação total dos sintomas.

O perdão também contempla o respeito aos efeitos duradouros ou permanentes de uma experiência que, por vezes, são consequentes a algo profundo ou estrutural que foi vivido.

Galhos podados lançam novos brotos regenerados, mas um tronco podado não se regenera, e a forma alterada da árvore mantém a marca e a memória permanente do que lhe sucedeu.

Liberação progressiva do sofrimento até a lembrança sem dor

Como resultado desse mergulho interior corajoso que é o perdão, experienciamos, pouco a pouco, uma liberação do sofrimento, abrindo espaço para um novo sentir.

Como sabemos, então, que o perdão foi concluído?

Quando nos lembramos de fatos ou circunstâncias trabalhados interiormente (e que não foram reprimidos) sem dor, então estamos muito possivelmente diante do efeito da decisão interior de liberação emocional que o perdão representa.

O perdão não é amnésia nem a necessidade de esquecer algo, o que representaria repressão e não liberação.

O esquecimento que decorre do perdão é a não necessidade de lembrança, a possibilidade de arquivamento da experiência integrada e já resolvida. No entanto, permanecem o aprendizado, o crescimento, o desenvolvimento pessoal e a maturidade conquistados nesse processo.

Igualmente, perdão não representa a passividade, o não poder reagir ou defender a sua dignidade pessoal. E, frequentemente, no processo do perdão, temos que colocar limites sadios e, por vezes, legais, para que novos contextos de agressão, violência e negação da dignidade pessoal não aconteçam.

Perdão e autoamor andam de mãos dadas.

O PERDÃO NOS EVANGELHOS: LIMITES E RESGATE DA DIGNIDADE PESSOAL

Quando buscamos a referência ao perdão nas tradições cristãs, por exemplo, encontramos famosas passagens nos evangelhos que têm sido mal compreendidas. Uma delas é aquela em que Jesus faz referência a dar a outra face:

> Se alguém bater em você numa face, ofereça-lhe também a outra. Se alguém tirar de você a capa, não o impeça de tirar a túnica. (*Lucas*, 6:29)

Essa oferta da outra face tem sido interpretada por alguns como subserviência e não reação, o que não se justifica, e por outros como dar a face oposta à da violência, a face do perdão.

Toda interpretação é possível nos textos que são cheios de metáforas, pois cada um os lê de acordo com sua cultura, suas emoções e seus vínculos religiosos. No entanto, ajuda muito recorrermos à cultura da época para entendermos as imagens utilizadas por aqueles que a viveram.

Na época de Jesus, o povo hebreu era dominado pelo estado romano, que controlava e dirigia juridicamente aquele espaço, embora houvesse liberdade religiosa. Naquela cultura era permitido que alguém que se considerasse superior ao outro o esbofeteasse na face com as costas da mão direita. No entanto, se a outra pessoa oferecesse a outra face para ser esbofeteada, o agressor teria que bater com a mão esquerda, considerada impura, ou com a palma da mão direita, o que colocaria ambas as pessoas em estado de igualdade. Portanto, se alguém oferecesse a outra face naquele contexto, não estava pedindo nova agressão ou demonstrando subserviência, mas colocando o agressor em um xeque-mate: ou se inferiorizava, "rebaixando-se" à altura do outro, ou considerava que o outro estava à sua altura, também igualando-se, da mesma forma. Entre os iguais, a dignidade de cada um poderia ser garantida no mesmo nível de direitos e deveres.

Jesus, então, parece ter dado um estímulo ao resgate da dignidade pessoal e da igualdade humana nessa passagem, ensinando o ofendido a não assumir a posição de vítima, mas, antes, a de defensor de sua dignidade por meio de uma atitude de não violência e de inversão da situação.

Essa interpretação parece se confirmar em outra passagem, também do sermão da montanha, na qual Jesus exorta: "e, se qualquer te obrigar a caminhar mil passos, vai com ele dois mil". (*Mateus*, 5:41)

Jesus conclama a quem foi solicitado a ir além do que foi pedido. Muitos julgam que seja uma mensagem alusiva a servir mais do que foi pedido. No entanto, o código romano que legislava sobre os territórios ocupados dizia que um soldado poderia obrigar alguém a transportar algo por até uma milha; passar disso era considerado abuso, e a situação se invertia, podendo ser o soldado punido.

Nesse contexto, quem caminhasse mais do que era permitido não estava servindo ou fazendo caridade, mas saindo do lugar de abusado ou subserviente para o de igual, que inverte o jogo ou a situação, colocando o abusador de frente com o efeito do seu abuso.

Aprendemos nessas passagens a assumir o lugar de protagonistas de nossas vidas. Não podemos impedir as circunstâncias de dominação e poder, mas podemos decidir o que fazer com elas ou a partir delas, tendo em vista a afirmação ou o resgate da nossa dignidade.

Perdão é resgate da dignidade pessoal, da igualdade humana, dos direitos de todos e da responsabilidade de cada qual.

AUTOPERDÃO: LIBERTAÇÃO INTERIOR

> Que eu faça um mendigo sentar-se à minha mesa, que eu perdoe aquele que me ofende e me esforce por amar, inclusive o meu inimigo, em nome de Cristo, tudo isto, naturalmente, não deixa de ser uma grande virtude. O que faço ao menor dos meus irmãos é ao próprio Cristo que faço. Mas o que acontecerá, se descubro, porventura, que o menor, o mais miserável de todos, o mais pobre dos mendigos, o mais insolente dos meus caluniadores, o meu inimigo, reside dentro de mim, sou eu mesmo, e precisa da esmola da minha bondade, e que eu mesmo sou o inimigo que é necessário amar?
> CARL GUSTAV JUNG

O autoperdão é a experiência de acolhimento e compaixão para consigo que acompanha o senso de valor e de dignidade pessoal.

Ninguém merece a crueldade da autocobrança punitiva nem do remorso destruidor.

Tive a oportunidade de desenvolver esse tema – e vários outros afins – no meu livro *Atitude – reflexões e posturas que trazem paz* (Ame & InterVidas), no capítulo sobre a culpa.

Gostaria de reafirmar a importância de transformar o remorso orgulhoso em arrependimento humilde que permita a reparação e o resgate da dignidade pessoal diante das culpas reais.

No entanto, o autoperdão é uma experiência muito mais ampla do que o enfretamento das culpas reais; é também o corajoso acolhimento da própria imperfeição.

Temos que nos perdoar por não sermos a expectativa dos nossos pais, da nossa família ou de nós mesmos, diante dos ideais morais ou de perfeição que estabeleceram ou estabelecemos para nós.

Individuar-se e perdoar a si mesmo são movimentos que acontecem simultaneamente durante toda a vida. Não se trata de um só momento na existência; trata-se do acolhimento necessário – em toda fase da vida – para abraçar a própria singularidade, a própria beleza e a espontaneidade e a verdade interiores.

Perdoa a si mesmo quem acolhe com amor as defesas que desenvolveu para sobreviver às feridas de infância, aos múltiplos traumas experimentados que possibilitaram seguir adiante em tempos de adversidade.

Perdoa a si mesmo quem olha com ternura para as cicatrizes e marcas que as dores relacionais impuseram ao longo dos anos, criando maturidade e aprendizados essenciais para a paz que experimenta hoje.

Perdoa a si mesmo quem se libera das expectativas irreais de perfeição e de rigor moral que nutriu ao aprender, no sistema familiar, que para ser amado deveria agradar aos outros, servir a todos, não dar trabalho e ser aprovado pelo comportamento perfeito e exemplar.

Perdoa a si mesmo quem aceita os contextos imperfeitos, os caminhos tortos, as vacilações no percurso, as quedas nas jornadas.

Autoperdão é aceitação da própria humanidade imperfeita e comum, suficiente e bela, luz e sombra, que todos somos. Ele representa a alforria interior das algemas mentais e emocionais que sustentam abusos, violências, repressões e projeções nos relacionamentos afetivos.

Quem se perdoa está mais propenso a olhar com compaixão para as feridas e para as imperfeições alheias, com abertura para uma conexão humana na qual cada um pode ser o que é com inteireza, sem tantas máscaras e defesas.

PERDÃO NÃO É PASSIVIDADE, NÃO É ESQUECIMENTO OBRIGATÓRIO DAS OFENSAS NEM AUSÊNCIA DE REAÇÃO À AGRESSÃO OU À VIOLÊNCIA.

O PERDÃO É LIBERAÇÃO PESSOAL DAS AMARRAS QUE LIMITAM O BEM-ESTAR, A AUTONOMIA E A SAÚDE MENTAL.

QUEM PERDOA DECIDE LIBERAR-SE DE UM PESO, DE UMA LIMITAÇÃO, DA ESCRAVIDÃO A UM JUGO, DO PODER OPRESSOR DE UMA SITUAÇÃO, UM CONTEXTO OU UMA VIVÊNCIA, AMPLIANDO A VISÃO E A CAPACIDADE DE SENTIR.

Capítulo 16
RECONHECER VULNERABILIDADES E ACOLHER IMPERFEIÇÕES: O *KINTSUGI* EMOCIONAL

É preciso coragem para ser imperfeito. Aceitar e abraçar as nossas fraquezas e amá-las. E deixar de lado a imagem da pessoa que devia ser, para aceitar a pessoa que realmente sou.
BRENÉ BROWN

16

O *KINTSUGI*, QUE PODE SER TRADUZIDO COMO "EMENDA DE OURO", é uma técnica tradicional japonesa de reparar objetos de cerâmica quebrados em que se utiliza um adesivo misturado com pó de ouro, prata ou platina.

Mais do que apenas um método de reparo, o *kintsugi* reflete uma filosofia profunda de aceitação das imperfeições e de valorização das histórias e cicatrizes da vida.

Essa prática está intimamente ligada à estética e à filosofia japonesas do *wabi-sabi*, que celebra a imperfeição, a impermanência e a beleza simples.

Os fragmentos da cerâmica quebrada são recolhidos e limpos. Uma resina tradicional (geralmente uruxi, uma laca natural) é usada para juntar os pedaços e o pó de ouro (ou outro material precioso) é aplicado sobre as linhas de reparo, destacando-as. O objeto é polido e deixado para secar, criando um efeito visual em que as rachaduras se tornam pontos de destaque.

Em vez de esconder os defeitos, o *kintsugi* os realça, transformando as "cicatrizes" em uma parte bonita da história do objeto.

Ele simboliza a ideia de que aquilo que foi quebrado pode ser reconstruído de maneira ainda mais bela e significativa. Está ligado à filosofia budista, que reconhece que tudo é transitório e que a beleza pode ser encontrada na mudança e na passagem do tempo.

O *kintsugi* é uma metáfora da cura interior e da nossa transformação no tempo.

Tendemos a esconder nossas imperfeições e vulnerabilidades, buscando imagens idealizadas de nós mesmos, guiados pelas defesas de sobrevivência, e buscando mascarar os sentimentos de inferioridade e desvalor.

As vulnerabilidades são vistas como fraquezas, e a sociedade nos incentiva a nutrir uma aparência de êxito e de juventude que não suporta nenhuma imperfeição – que é vista como fracasso –, e nem as marcas do tempo, entendidas como decrepitude.

No entanto, reconhecer vulnerabilidades é manifestação de força interior, e acolher as imperfeições, de humanidade.

Assim como a cerâmica quebrada vira arte nas mãos do artesão, é importante aceitarmos e integrarmos as partes "quebradas" de nós mesmos como um caminho para o autodesenvolvimento e a transformação.

As "rachaduras" em nossa vida emocional representam as feridas causadas por perdas, rejeições, traumas e desafios. O *kintsugi* ensina que essas cicatrizes não precisam nos definir de forma negativa; ao contrário, quando curadas, tornam-se evidências de resiliência e superação. Elas não precisam ser escondidas, mas podem ser vistas como marcas de superação e aprendizado.

O uso do ouro no *kintsugi* simboliza o processo de cura emocional. Assim como o ouro embeleza as rachaduras na cerâmica, o processo de cura interior por meio do autoconhecimento, da terapia e das conexões afetivas pode transformar nossas dores em algo significativo e valioso.

O coração de um sábio está repleto de cicatrizes.

O *kintsugi* valoriza a impermanência e a beleza encontradas na transformação. Da mesma forma, nossas emoções são impermanentes, transitórias, e os momentos difíceis podem ser vistos como fases que, quando superadas, tornam-nos mais fortes e sábios, permitindo um novo patamar de consciência e evolução.

Em vez de esconder nossos traumas ou falhas, podemos usá-los como parte de nossa história, aprendendo com eles e compartilhando nossas experiências para inspirar os outros na autossuperação.

Nós não somos "descartáveis" por termos vivido traumas, trazermos dores infantis dessa ou daquela natureza ou passarmos por momentos difíceis. Somos dignos. Nessa consciência, podemos nos reconstruir e nos tornar ainda mais valiosos.

O processo de reparar um objeto pelo *kintsugi* é delicado e requer paciência. Da mesma forma, a cura emocional leva tempo e exige cuidado, compaixão consigo mesmo e a conexão com uma comunidade segura que oferte uma rede de apoio efetiva.

Destacar nossas cicatrizes emocionais pode ser uma fonte de conexão com os outros. Nossa vulnerabilidade nos torna humanos e nos aproxima das pessoas ao redor.

Assim, tratemos as nossas falhas e feridas com gentileza, respeito e compaixão, entendendo que elas fazem parte do processo de ser humano.

É essencial encarar as adversidades como oportunidades de crescimento.

Como uma peça reparada pelo *kintsugi*, podemos nos tornar ainda mais fortes e únicos. Em vez de tentar apagar o que aconteceu, podemos reconhecer o impacto de nossas experiências e encontrar formas de integrar essas histórias à nossa identidade de forma positiva.

O AUTOPERDÃO É UMA EXPERIÊNCIA MUITO MAIS AMPLA DO QUE O ENFRETAMENTO DAS CULPAS REAIS: É TAMBÉM O CORAJOSO ACOLHIMENTO DA PRÓPRIA IMPERFEIÇÃO.

Capítulo 17
A FÊNIX INTERIOR: RENASCENDO DAS CINZAS DO TRAUMA

Aquilo que foi feito para brilhar deve suportar o arder das chamas.
VIKTOR FRANKL

A **FÊNIX É UM PÁSSARO DA MITOLOGIA GREGA, POUCO MAIOR QUE** uma águia, com um longo ciclo de vida (alguns dizem 500 anos, outros até 97.200 anos), que, quando sentia que era sua hora de morrer, entrava em combustão e, passado algum tempo, renascia ou ressurgia das próprias cinzas. Por isso se tornou um símbolo de espiritualidade, imortalidade, renascimento, crescimento espiritual.

Os gregos parecem ter-se baseado em Bennu, da mitologia egípcia, representado na forma de uma ave acinzentada semelhante à garça, hoje extinta, que outrora habitou o Egito. Cumprido o seu ciclo de vida, o Bennu voaria a Heliópolis (capital do baixo Egito antigo, hoje destruída, a dez quilômetros do Cairo), pousaria sobre a pira do deus Rá, atearia fogo ao seu ninho e deixar-se-ia consumir pelas chamas para, no final, renascer das cinzas.

Uma característica marcante da fênix é a sua força, que lhe permite transportar cargas muito pesadas enquanto voa. Há lendas nas quais esses pássaros chegam a carregar elefantes. Ela também pode se transformar em uma ave de fogo, sendo frequentemente representada com as asas e o corpo em chamas.

A FÊNIX COMO SÍMBOLO

Podemos extrair diversas simbologias do mito da fênix dos pontos de vista psicológico, emocional e espiritual.

A fênix é símbolo de mudança, crescimento, transformação.

Vivemos muitos ciclos e mudanças de fase ao longo de nossa existência e, em cada etapa de crescimento, vivemos importantes e necessárias perdas.

O corpo muda, as relações se transformam, os papéis sociais se modificam. Cada fase que morre deixa para trás as cinzas de comportamentos e visões de nós mesmos que já não pertencem ao presente, requerendo que novas e atualizadas versões nossas, em sintonia com o presente, ganhem espaço e importância.

É assim quando saímos da infância para a adolescência, e quando entramos na vida adulta e nas suas diversas fases psicológicas.

Como a fênix que sente se aproximar o momento de sua morte, preparando-se para a combustão, nós também vivemos momentos precisos de tomada de consciência que expandem a percepção sobre o novo e nos convidam a abrir espaço interior para o crescimento ou para a maturidade.

Esses instantes preciosos vêm com o amadurecimento natural, com as relações e os aprendizados, mas, frequentemente, advêm de crises e dores que vivenciamos, promovendo a metanoia, a mudança essencial de pensamento ou de caráter e a transformação espiritual.

Quem não deixa morrer o passado fica fixado nele e cristaliza o presente na memória ou no congelamento que impedem o fluxo, como acontece com aqueles que não se desapegam das memórias dos tempos felizes e com aqueles que seguem traumatizados.

Há um símbolo desse movimento apresentado metaforicamente na *Bíblia*, no livro da *Gênesis*, que relata a fuga de Ló e de sua família para as cidades de Sodoma e Gomorra, que seriam destruídas. Os anjos que haviam dito a Ló para escaparem também orientaram que não olhassem para trás. No entanto, no caminho, a mulher de Ló se virou e olhou para a cidade, e foi convertida em uma estátua de sal (*Gênesis*, 19:26). O sal é um conservante, utilizado para preservar a carne quando não há geladeira disponível.

O movimento de olhar para trás e se apegar ao passado quando o novo já acena pelo caminho impede o fluxo de seguir adiante na vida e, frequentemente, é fonte de depressão.

Já a projeção do futuro, com o desejo de antecipação do que é sonhado ou possível, mediado pelo medo ou pelo desejo, é fonte de angústia e de ansiedade.

A vida requer que estejamos em estado de presença no aqui e no agora para que haja saúde.

Há pessoas que permanecem apegadas à dor ou ao sofrimento que experenciaram, eternizando uma certa imagem que fizeram de si mesmas, mesmo depois de as circunstâncias já terem se modificado e permitido o novo.

Bert Hellinger conta uma interessante história a esse respeito:

> Alguém estava viajando de trem num vagão-leito. Estava no leito de baixo e, em cima, havia alguém que ficava dizendo: "Estou com tanta fome, estou com tanta fome". O passageiro de baixo foi até o vagão-restaurante e lhe trouxe algo para comer. Passado algum tempo, o passageiro de cima começou novamente: "Eu estava com tanta fome, eu estava com tanta fome". (Hellinger, 2021)

Assim como ocorre com a fênix, há o tempo de se aquietar e deixar consumir as velhas imagens que já não servem mais à vida, permitindo que o novo ganhe predominância.

Deixamos queimar crenças, ideias, apegos, exigências, papéis sociais, vínculos.

A cada fase corresponde uma sintonia, e devemos abençoar e deixar ir aquilo que já não está em sintonia com o momento atual. Isso representa selecionar relações, hábitos, companhias, buscas interiores e afazeres para que a vida esteja em harmonia com o hoje.

A fênix morre e renasce muitas vezes, uma vez a cada final de ciclo.

É interessante que a lenda conta que a fênix renascida junta as cinzas de sua antiga versão, coloca-as dentro de um ovo e o deposita em um altar sagrado.

Esse é um poderoso símbolo. O passado deve passar, no entanto, suas cinzas nutrem o presente com a experiência de vida, as memórias de aprendizado e o crescimento que foram possíveis.

No evangelho de João está narrada a cena na qual Jesus busca um paralítico no alpendre da piscina de Betesda para lhe curar. Ele ali estava havia trinta e oito anos aguardando o tempo da cura. Quando Jesus a potencializou, reabilitando-lhe o caminhar, orientou-o: "Levanta, toma tua cama e anda". (*João*, 5:8) Essa atitude de "tomar a cama" e seguir adiante é exatamente o mesmo movimento da fênix de guardar as cinzas em local sagrado.

O homem estava enfermo e sobre aquela cama havia longo tempo. A cama representa não só o local físico no qual ele dormia, mas, sobretudo, o sistema de crenças limitantes que ele levava na intimidade, os sentimentos diante de si mesmo e da vida, os sonhos e as decepções, a menos-valia e a esperança.

Ao dizer-lhe para tomar a cama e seguir, Jesus parece nos ensinar a todos a ir em direção ao futuro, guardando a memória e a essência daquilo que foi vivido e experimentado como aprendizado e maturidade.

A fênix interior é esse espaço sagrado de recomeço, renovação, reidentificação, aprimoramento, reconstrução e expansão que surge a partir das mortes interiores que promovemos ou que a vida nos impõe no transcurso da jornada.

A MORTE COMO RENOVAÇÃO

Para que o novo venha é preciso que algo morra.

Essa ideia parece incômoda a uma boa parte das pessoas, pois elas carregam uma imagem da morte como destruição, fim, impedimento ou mergulho no nada.

A morte é a fase da vida que finaliza um ciclo e, na visão espiritualista (de qualquer denominação religiosa), é a uma porta que se abre para a continuidade da existência.

Ela não representa o fim, mas, sim, a renovação.

Para que haja crescimento é preciso que haja também morte interior da inocência, da ignorância, da exigência, do apego, das mágoas, da dor.

Jesus também representou essa imagem quando afirmou: "Se o grão de trigo, caindo na terra, não morrer, fica ele só; mas, se morrer, produz muito fruto". (*João*, 12:24) Aqui ele se referia à sua própria morte iminente, mas podemos compreender sua fala como uma metáfora da semente de um novo ciclo.

A madeira precisa morrer para que venha o móvel; a pedra precisa ser lapidada para que seja útil à vida; o vegetal precisa perecer para que o alimento seja preparado e dele venha a força.

Nós também somos parte da natureza, e o que morre em nós também pode abrir portas e estrutura para um novo tempo, desde que tenhamos suporte para viver as crises, resiliência para suportar as tempestades, visão e condução para navegar as águas turbulentas e bússola para guiar-nos nessa empreitada.

É útil caminhar na vida tendo a morte como companheira.

A consciência da impermanência aliada à lucidez dos ciclos, que sempre encontram um fim, permite-nos viver o hoje com melhor aproveitamento e mais amplo estado de presença.

Eu me faço sempre esta pergunta: se eu morrer hoje, como me encontro perante a mim mesmo? E perante os meus sonhos, as minhas relações e a minha consciência? Encontro-me vivendo tudo com inteireza ou procrastinando dedicação? Em ativo cuidado ou postergando a valorização do essencial? Declarando meus amores ou guardando meus afetos?

As pessoas em estado terminal, à beira da morte física, relatam que nesse momento só lhes importam os afetos vividos ou não vividos, as presenças afetivas ou a falta delas, os remorsos e os perdões experienciados, o amor declarado ou sufocado no peito.

Ter sempre a morte como possibilidade iminente e um compromisso amoroso consigo mesmo nos deixa com os pés no chão, sem espaço para fugas ou distrações do essencial.

A vida é muito curta para não estarmos no aqui e no agora com plena dedicação ao que verdadeiramente importa.

O SÍMBOLO CRISTÃO

A fênix renascida tornou-se um símbolo popular da ressureição de Cristo, e na arte cristã ela o simboliza, assim como o iniciado cristão, recebendo uma segunda vida em troca daquela que sacrificou.

Segundo a filosofia cristã, o seguidor de Jesus é chamado a renunciar ao velho para abraçar o novo nos caminhos dos valores que Jesus representa, assim como aconteceu com cada um dos que ficaram na história como apóstolos de Jesus.

Paulo de Tarso viveu esse processo, como já comentamos, no seu tempo de deserto, e afirmou: "Assim que, se alguém está em Cristo, nova criatura é; as coisas velhas já passaram; eis que tudo se fez novo". (2 *Coríntios*, 5:17)

O homem velho morre nos seus gostos, valores e hábitos para nascer o homem novo das cinzas dos conflitos interiores, no rumo das esperanças cristãs.

Para o cristão, Jesus representa o guia nessa jornada e seu evangelho, a bússola para navegar no mar da vida com fé e amorosidade.

RENASCENDO DAS CINZAS DO TRAUMA

O processo de crescimento fica mais desafiador e doloroso com as experiências traumáticas que vivemos desde a infância – estas geraram as feridas primais que nos formataram a personalidade – até aquelas que aparecem ao longo do caminho, convidando-nos a rever a jornada.

Término de relacionamentos, separações conjugais, morte de pessoas queridas, acidentes e violências trazem em si a possibilidade de serem experimentados como vivências traumáticas, sobretudo quando, ao passar por elas, carregamos o sentimento de desamparo.

Quase tudo pode ser superado quando há amparo e acolhimento.

No entanto, no universo do desamparo, até a mínima experiência pode deixar marcas máximas e duradouras.

O trauma, por ser uma experiência emocional intensa, aguda ou crônica, para além da capacidade de elaboração de quem a vive, produz várias dissociações psicológicas ou mortes simbólicas interiores.

Quando alguém enfrenta eventos traumáticos – sejam eles emocionais, sejam eles físicos, sejam psicológicos –, ocorre uma ruptura no sentido de continuidade da vida. Essa ruptura pode ser sentida como um colapso da identidade, da segurança ou da conexão com o mundo.

O trauma, em sua essência, desestrutura a percepção de quem somos e de como nos relacionamos com a vida ao nosso redor. Muitas vezes, ele deixa a sensação de que uma parte de nós "morreu" ou foi perdida para sempre.

No entanto, assim como a fênix renasce das cinzas, o ser humano tem a capacidade inata de se reconstruir e encontrar novos significados para a sua existência: isso é a fênix interior.

Esse renascimento, contudo, não ocorre de forma imediata; ele é um processo gradual que envolve enfrentar a dor, suportar o processo, construir resiliência, aceitar as cicatrizes e trabalhar conscientemente para transformar as experiências traumáticas em fontes de força e sabedoria.

AS ETAPAS DA JORNADA DA FÊNIX INTERIOR

O processo da queima: reconhecer a ruptura

O primeiro passo é reconhecer que o trauma causou um impacto significativo.

Muitas vezes há uma tendência a evitar ou minimizar o sofrimento, mas aceitar a existência das "cinzas" é essencial para o início do processo de renascimento.

A queima representa o impacto inicial do trauma, um momento de intensa dor ou desconstrução que pode parecer insuportável. Nesse estágio há sensação de que partes fundamentais de nós foram destruídas.

Essa é a etapa em que o amparo é condição essencial para sustentar a inteireza e para não desconectar da realidade, o que nem sempre é possível.

Apesar de ser um processo difícil, a "queima" simboliza também a eliminação de padrões, crenças ou situações que já não servem mais ao crescimento pessoal.

Entrar no vazio e reconhecer o que é sentido

Assim como a fênix se dissolve em cinzas antes de renascer, após a queima há um momento em que precisamos confrontar o vazio deixado pelo trauma. Esse é um espaço de introspecção, no qual podemos nos conectar com nossas emoções mais profundas e começar a compreender o que foi perdido.

Aqui, a palavra de ordem é viver tudo.

As emoções precisam ser reconhecidas para além das sensações físicas, e todas elas precisam ter lugar e ser validadas, da raiva à alegria. O que pode ser vivido pode ciclar e se renovar. O que não pode, enquista-se e permanece.

Os sentimentos mais profundos precisam ser denominados por trás das emoções, sustentando-as. O que estamos sentindo? Como podemos nomear nossos sentimentos ou descrevê-los? O que eles nos falam a nosso respeito?

Os sentimentos vêm em grupos, "em bando", são diversos e não são simples, seguindo a nossa própria complexidade e contradição.

Acolher as oposições em nós é parte importante do processo de cura e renascimento da fênix interior.

Nessa etapa, o autoconhecimento e o autoacolhimento são peças-chave para o crescimento, impedindo que aquilo que é vivido se converta em sintoma crônico.

Os sintomas agudos que acompanham a dor, o estresse e os conflitos não podem ser impedidos em sua totalidade, pois o corpo somatiza e simboliza ou expressa os movimentos interiores, sobretudo aqueles que são mais difíceis ou que encontram resistência mental ou emocional.

Ao reconhecermos o que sentimos, a partir do mergulho interior ou da própria leitura do sintoma no corpo, podemos acolher o que é vivido e perceber o que a alma necessita, impedindo que se cronifiquem os sintomas e o adoecimento.

Cultivar a resiliência

O renascimento exige força interior e apoio externo. É importantíssimo, nesse estágio, buscarmos recursos – como as terapias citadas neste livro, grupos de apoio, práticas espirituais ou artísticas – que nos ajudem a nos reerguermos.

"Resiliência" não significa ausência de sofrimento ou dificuldade. Pelo contrário, é a habilidade de encontrar formas saudáveis de lidar com o impacto emocional das adversidades e reorganizar-se após o choque.

Essa reorganização representa autorregulação emocional, reconstrução da estima pessoal, da visão de si mesmo e do mundo.

Diante das feridas infantis – e dos traumas que as originaram – que abordamos nos capítulos iniciais, a etapa da resiliência pode durar toda uma vida na forma de enfrentamento dos efeitos e das defesas que estruturaram a personalidade. Isso porque desenvolvemos mais resistências do que resiliências diante dos traumas.

As resistências são endurecimentos diante do que acreditamos serem vulnerabilidades e pontos frágeis, e que promovem defesas e hábitos comportamentais protetivos. "Ninguém faz isso comigo de novo" ou "não baixo mais a guarda para ser machucado" são exemplos de resistências defensivas.

Muitas resistências terminam por se transformar em rigidez e cavernas nas quais nos escondemos sem que desenvolvamos resiliência.

Resiliência é transformação sem perder a essência.

Não voltamos exatamente ao ponto original, como o elástico retorna após ser esticado, mas encontramos novas formas de ser e estar no mundo, mantendo a conexão com a essência e com o que é autêntico em nós, em qualquer configuração que estejamos.

A transformação no tempo, com conexão ao essencial, portanto, é parte essencial da resiliência. É preciso paciência consigo mesmo, compaixão, acolhimento, pois só há transformação construtiva pelo poder do amor.

A fênix interior só ganha força no fogo da compaixão e da amorosidade consigo mesmo. Na autocrítica destrutiva e no julgamento moral só há combustão, não há renascimento.

As pessoas resilientes conseguem recuperar-se de eventos traumáticos ou estressantes como perdas, fracassos ou mudanças drásticas e transformam essas experiências em oportunidades de aprendizado.

A resiliência nem sempre permite uma "volta ao normal", mas, frequentemente, conduz ao crescimento pós-traumático – o processo de se tornar mais forte e mais sábio após enfrentar desafios.

"Resiliência" significa respeito e suporte ao processo de cicatrização das feridas, o que é sempre pessoal, no tempo de cada um.

A cura é uma jornada, não um destino.

Cada pessoa tem seu próprio ritmo e caminho para renascer das cinzas do trauma, embora haja situações momentaneamente incapacitantes. O importante é reconhecer que, mesmo nas experiências mais dolorosas, existe o potencial de transformação que, talvez, venha com o tempo.

Podemos e devemos nos amparar uns nos outros fraternalmente, mas não podemos assumir as feridas alheias como salvadores, cheios de pensamento mágico.

Cicatrização é significação pessoal e intransferível no tempo.

Podemos sinalizar o caminho, mas só o motorista pode interpretar a rota e conduzir o seu veículo.

Ressignificar a experiência

O trauma não precisa definir quem somos, mas pode moldar quem nos tornamos. Mesmo quando reconhecemos que o trauma moldou nossas personalidades, podemos reconhecer o direito e a necessidade de redefinir quem desejamos ser.

Ao ressignificarmos nossas experiências, podemos transformá-las em oportunidades de aprendizado e crescimento. Esse é o momento de usar as "cinzas" como base para criar algo novo e significativo.

A cura interior é o resgate da autenticidade perdida no trauma.

"Ressignificar" implica dar um novo significado para o que é vivido ou sentido em sintonia com o presente e com o que é autêntico em nós.

Isso significa abandonar identificações simbióticas com familiares, amigos, espaços sociais e outros que não representem o que verdadeiramente somos.

Também representa o direito a construir o próprio caminho e a viver o próprio destino, mesmo a contragosto dos outros, desde que esteja sustentado na autonomia madura e responsável da vida adulta.

O renascimento e o crescimento pós-traumático

A fênix interior é o renascimento, uma transformação que traz consigo um novo senso de identidade, propósito e conexão com a vida. Ele não elimina as cicatrizes do passado, mas as integra como símbolos de força e superação.

As experiências mais difíceis podem se tornar o solo fértil ou a base para a reconstrução e a transformação.

Diferentemente da simples recuperação, o crescimento pós--traumático é a capacidade de emergir do trauma mais forte, mais resiliente e com uma nova perspectiva de vida.

ESPIRITUALIDADE

Espiritualmente, o renascimento da fênix interior pode ser visto como uma jornada de alma, na qual o trauma serve como catalisador para uma transformação mais profunda e um alinhamento com o propósito de vida.

Nas nossas dores interiores estão também nossas tarefas existenciais, os convites preciosos ao desenvolvimento pessoal e à autossuperação.

Os contos de fada nos mostram essa dinâmica da alma. Com suas metáforas, personagens e enredos arquetípicos, eles representam jornadas de transformação pessoal que espelham os desafios e aprendizados da vida humana.

Neles há sempre a dor original, desafios existenciais, aliados e oponentes, ameaças e proteções e, sobretudo, a transformação final, que representa a alquimia espiritual que nos revela o ouro interior.

Essa alquimia é alcançada na medida em que, a partir da dor, o medo pode ser enfrentado face a face, o que torna claro o caminho a seguir.

Há um texto atribuído a Bert Hellinger que fala sobre isso:

Só há uma maneira de saber qual caminho seguir: você tem que seguir seu medo, ele lhe mostrará o caminho.

Fugir do que te assusta é uma forma de se perder: ao fazer isso, você se afasta cada vez mais do que procura.

Se você tem medo de enfrentar aquela pessoa ou situação, existe o nó a desatar. Aquele nó que, se reconhecido e tratado, lhe dará as chaves da liberdade!

Então, a partir de agora, quando sentir medo, aborrecimento, irritação e preocupação, não fuja. Ouça o que você sente. E corajosamente entre para descobrir o tesouro escondido em seu desconforto.

Os tesouros mais preciosos são guardados pelo dragão mais terrível.

Para alcançar os tesouros, você tem que ir até o dragão… e beijá-lo.

Beijar o dragão requer coragem para reconhecer o que sente, persistência na tarefa de se conhecer e foco na renovação com esperança contínua.

A fênix não nega suas cinzas; ela as utiliza como base para o seu renascimento. Da mesma forma, ao aceitarmos nossa vulnerabilidade e nossas feridas, podemos transformar nossa dor em força e sabedoria, descobrindo a capacidade ilimitada que temos de recomeçar e de nos reinventar.

A LENDA CONTA QUE A FÊNIX RENASCIDA JUNTA AS CINZAS DE SUA ANTIGA VERSÃO, COLOCA-AS DENTRO DE UM OVO E O DEPOSITA EM UM ALTAR SAGRADO.

ESSE É UM PODEROSO SÍMBOLO. O PASSADO DEVE PASSAR, NO ENTANTO, SUAS CINZAS NUTREM O PRESENTE COM A EXPERIÊNCIA DE VIDA, AS MEMÓRIAS DE APRENDIZADO E O CRESCIMENTO QUE FORAM POSSÍVEIS.

A FÊNIX INTERIOR É O ESPAÇO SAGRADO DE RECOMEÇO, RENOVAÇÃO, REIDENTIFICAÇÃO, APRIMORAMENTO, RECONSTRUÇÃO E EXPANSÃO QUE SURGE A PARTIR DAS MORTES INTERIORES QUE PROMOVEMOS OU QUE A VIDA NOS IMPÕE NO TRANSCURSO DA JORNADA.

Capítulo 18

CURANDO A DOR DO ABUSO EMOCIONAL E/OU SEXUAL

Eu não sou o que me aconteceu, eu sou o que eu escolho me tornar.
CARL GUSTAV JUNG

18

HÁ COISAS QUE NÃO PRECISAM E NÃO DEVEM SER PERDOADAS quando entendemos o perdão, pelo senso comum, como renúncia ao direito de se reconhecer lesado e como liberação da responsabilidade pessoal de cada um.

Esse conceito de perdão não ajuda.

Experiências de abuso, na infância ou na vida adulta, geram muita dor e muito efeitos negativos na relação emocional consigo mesmo e com o outro.

Quem experienciou abusos merece se liberar do fardo que carrega e reconquistar a dignidade pessoal por meio do autoamor.

O abuso pertence ao abusador.

Quem é abusado carrega consigo emoções, sentimentos, palavras e crenças que dizem respeito ao responsável por aquela experiência.

Perdoar, nesse contexto, é perdoar a si mesmo por ter vivido aquilo que, inadequadamente, gerou culpa e um falso senso de responsabilidade pessoal.

Muitos adultos se culpam por não terem tido reação ou força para contar aos pais ou responsáveis sobre os abusos que vivenciaram.

Uma criança não é responsável por si mesma nem tem habilidade de responder por suas reações ou decisões, pois encontra-se em condição de vulnerabilidade e necessitada de segurança, acolhimento e direcionamento dos adultos.

A criança é vítima em qualquer circunstância que viole a sua sacralidade e a sua inocência, não sendo responsável pela incapacidade de reagir, pelo medo de represálias ou consequências de qualquer possível autodefesa.

Ao adulto violentado na infância compete a atitude de acolher com amor a criança interior fragilizada e ofertar a ela colo e aconchego.

Para isso, é útil mentalizar a si mesmo, adulto, indo em busca daquela criança e abrindo os braços para ela, deixando-a se aninhar na segurança do abraço que a absolve de qualquer responsabilidade e a protege, agora, de qualquer ameaça.

Ao mesmo tempo, deve ser devolvido ao abusador aquilo que lhe pertence: a violência, a invasão, o desrespeito, a indignidade, a morte da inocência. Isso pode ser visualizado, em uma imaginação criativa – técnica da hipnose ericksoniana –, como uma mochila pesada que é tirada das costas do adulto e entregue a quem de direito.

O que não pode ser perdoado é a responsabilidade de cada um.

Isso fica com quem pertence.

O perdão possível, nessa e em qualquer situação, é a liberação do peso e da dor que são perpetuados pelo não acolhimento da vulnerabilidade infantil.

Quando o abuso foi vivenciado na vida adulta, então outros elementos entram em jogo, pois, entre adultos, há responsabilidades e corresponsabilidades, se não na experiência do abuso, pelo menos na dinâmica relacional em que, muitas vezes, ele é permitido ou tolerado.

Nesses casos é necessário, igualmente, reconhecer as vulnerabilidades infantis que estruturaram as personalidades que, na vida adulta, estabelecem relações desequilibradas no dar e no receber ou criam as condições de risco.

Situações episódicas de abuso não podem ser evitadas porque não podem sempre ser previstas e dependem do uso do livre-arbítrio de cada um. Já as relações abusivas são construídas em uma dinâmica relacional, que é sempre uma dança de casal, com responsabilidades partilhadas.

Personalidades controladoras e autoritárias se relacionam com personalidades mais passivas e submissas. Ao mesmo tempo que conferem um ao outro segurança e afeto, também partilham dominação e poder, o que pode ser sentido como abuso.

De qualquer forma, o caminho do alívio é o do acolhimento de si mesmo, das vulnerabilidades interiores, e o da ampliação de consciência das circunstâncias que estruturaram a personalidade, bem como as possibilidades de desenvolvimento das potências interiores que não puderam ser desenvolvidas até então.

*

No processo do perdão e da cura interior é preciso ter a clareza de que alguns efeitos são persistentes. As memórias traumáticas podem, às vezes, permanecer para sempre, sem possibilidade de ocultação ou esquecimento duradouro.

Lembro da cena final de um filme que me marcou muitíssimo no início da juventude, do qual já não me recordo mais o título. Ele conta a história de uma família no interior dos Estados Unidos que vivencia muita violência e abuso em disputas de terras. O patriarca da família é assassinado com requintes de violência e a matriarca presencia tudo, o que é vivido por ela como uma experiência traumática. No desenrolar da história e com o passar dos anos, a família se reconstrói e tem novas conquistas. A cena final do filme apresenta a família em uma grande mesa, no jardim de uma fazenda, em uma cena de alegria. A matriarca aparece com os cabelos brancos, no auge de sua maturidade, e, para meu espanto, ela está muda. Ela seguiu em frente e superou, na medida do possível, o choque traumático que vivenciou, mas a mudez permaneceu como sintoma daquele forte abuso e, possivelmente, do grito abafado na garganta que não pôde ser liberado.

Recordo-me de ter me sentido entristecido e, ao mesmo tempo, subitamente amadurecido pela constatação de que as experiências têm consequências, e que nem sempre é possível restaurar a "normalidade" ou a integridade de quem éramos antes de uma determinada vivência.

No entanto, novas possibilidades surgem e a vida se renova, sempre seguindo adiante, no fluxo que nos toma a serviço de algo maior que nós mesmos e ao qual nos compete nos entregarmos com respeito e assentimento.

QUEM EXPERIENCIOU ABUSOS MERECE SE LIBERAR DO FARDO QUE CARREGA E RECONQUISTAR A DIGNIDADE PESSOAL POR MEIO DO AUTOAMOR.

O ABUSO PERTENCE AO ABUSADOR.

QUEM É ABUSADO CARREGA CONSIGO EMOÇÕES, SENTIMENTOS, PALAVRAS E CRENÇAS QUE DIZEM RESPEITO AO RESPONSÁVEL POR AQUELA EXPERIÊNCIA.

PERDOAR, NESSE CONTEXTO, É PERDOAR A SI MESMO POR TER VIVIDO AQUILO QUE, INADEQUADAMENTE, GEROU CULPA E UM FALSO SENSO DE RESPONSABILIDADE PESSOAL.

Capítulo 19

LIBERTE-SE DOS CIÚMES DOENTIOS

O ciúme é muitas vezes uma inquieta necessidade de tirania aplicada às coisas do amor.
MARCEL PROUST

19

A RELAÇÃO DE CASAL É O CENÁRIO IDEAL PARA OBSERVARMOS E conhecermos os personagens que vivem dentro de nós, encenando os *scripts* e enredos afetivos estruturados na nossa infância e que compõem nossas dinâmicas e propostas relacionais.

Na interação a dois, somos confrontados com nossas vulnerabilidades e inseguranças, e com nossos desejos, anseios e ideais amorosos.

Por meio de nossas reações afetivas, podemos perceber nossas capacidades de confiar, de entrega, de construir e de crescer em conjunto com o outro.

A prática clínica na medicina e no campo terapêutico nos ensina que boa parte das demandas afetivas e das reações que temos diante do outro são respostas ou reações decorrentes das dores infantis que trazemos ainda vivas dentro de nós, tanto quanto das defesas que desenvolvemos para sobreviver a elas.

Há uma imagem muito ilustrativa que circula na internet e nas redes sociais de uma escultura em metal feita pelo artista ucraniano Alexander Milov e exibida no festival Burning Man (2015), que representa dois adultos de costas um para o outro e, dentro deles, as suas crianças interiores, de frente uma para a outra, buscando-se e interagindo.

Isso é exatamente o que acontece nas relações afetivas.

No plano superficial, as dores, carências, exigências e marcas da criança interior ferida criam desencontros e desentendimentos. No plano profundo, a parte sadia e luminosa dessa criança anseia pelo encontro e pela partilha amorosa.

CIÚME E CARÊNCIA AFETIVA

O ciúme é uma expressão do sentimento de posse e carência afetiva que todos temos em graus diversos. Em um nível controlado, ele pode ser saudável e nutrir a relação com o senso de valor e de cuidado que sustenta as trocas a dois.

No entanto, quando aumentado e, sobretudo, fora de controle, torna-se destrutivo e patológico, como um veneno para os relacionamentos, e que impede o crescimento e a paz.

Ele é saudável quando expressa cuidado com o outro, atenção às suas necessidades, é ocasional e leve; doentio quando é frequente, desproporcional, envolve o desejo de controle sobre a outra pessoa e se manifesta como agressividade, gerando prejuízo na relação. Nesse caso, ele expressa uma alta carência afetiva.

A carência afetiva é sintoma de um baixo senso de valor pessoal somado à falta de nutrição afetiva essencial. Ela pode ser efeito de qualquer ferida infantil, mas é muito presente como decorrência da ferida de abandono e de traição, sobretudo na relação com os pais.

Quando as raízes não estão nutridas, os frutos são minguados.

O amor de pai e de mãe e o senso de pertencer à continuidade do amor deles é uma fonte de nutrição afetiva essencial que faltou e ainda falta em muitos corações.

Quem viveu amor interrompido na relação com os pais ou não pôde experimentar o amor na forma de cuidado, naturalmente projetará na relação a dois a demanda do afeto que lhe faltou e a busca pela demonstração de valor que não teve infância.

No entanto, a relação a dois não está apta a nos nutrir do amor essencial, pois ela se sustenta no equilíbrio da troca, e quem oferta ou demanda mais do que o outro pode receber, retribuir e ofertar, sobrecarrega a relação e impede o fluxo de troca.

Por isso é tão importante nos reconciliarmos com a imagem de pai e mãe que trazemos no coração e buscarmos a conexão com o amor deles, curando essa relação, como abordado anteriormente.

Diante da dor da necessidade de posse e controle, manifestações do ciúmes doentio, é preciso voltar-se para si mesmo e perceber que a competência de ter segurança e confiança em uma relação afetiva é desenvolvida primeiramente em cada um, e, posteriormente, na relação.

Buscar no outro a segurança total ou expressar confiança plena são expressões de imaturidade afetiva e excessiva projeção.

A confiança no relacionamento a dois é construção no tempo. Por mais que haja comunhão e partilha entre o casal, há também que se ter em conta que todos somos vulneráveis, complexos e contraditórios.

Essa maturidade compreende que a sombra pessoal é um espaço de permanente conteúdo emocional não metabolizado e frequentemente reprimido, que pode aflorar em alguma nova circunstância quando o casal vive uma crise ou quando novas relações despertam núcleos afetivos ainda não desenvolvidos ou considerados.

Confiança e entrega se nutrem de trocas humanas honestas e profundas, com respeito à luz e à sombra presentes em cada um.

Isso, naturalmente, não implica aceitar desrespeitos e comportamentos que ferem valores e acordos assumidos pelo casal.

PERTENCIMENTO E PADRÕES AFETIVOS FAMILIARES

Muitas expressões de ciúmes patológicos são reproduções de padrões afetivos de pais, avós e outras relações que foram referências na infância.

Nossas feridas infantis também seguem as dos nossos pais.

Muitas pessoas reproduzem os padrões afetivos de controle e de violência que aprenderam com os pais.

Filhos que presenciam o pai agredir a mãe sem que ela se defenda aprendem um padrão afetivo adoecido de comando e autoritarismo que reproduzirão no futuro, com ela e com outras mulheres. Filhas que vivenciam o mesmo poderão voltar para si as agressões e se autopunir, reproduzindo o padrão de vulnerabilidade sem força de estabelecer limites saudáveis e necessários, ou então se tornar, por sua vez, resistentes e controladoras, de forma a tentar evitar que sejam machucadas.

Ambas as situações podem se expressar como ciúme patológico e requerem revisão das imagens de afeto e respeito à dignidade de cada pessoa na troca a dois.

O padrão afetivo dos pais na relação com os filhos os marca de forma permanente, como uma fôrma que molda ou deforma aqueles que estão vulneráveis e dependentes de seu cuidado.

Pais que demonstram afeto apenas quando o filho atende a expectativas ou padrões específicos, como tirar boas notas, ser obediente ou seguir um estilo de vida desejado, desenvolvem nos filhos a crença de que precisam "merecer" amor e validação, o que pode levar à baixa autoestima e à busca constante por aprovação externa.

Pais que se concentram nas falhas e nos erros, raramente reconhecendo os esforços ou conquistas do filho, geram insegurança e autocrítica severa, levando à sensação de nunca ser "bom o suficiente" e a relações marcadas por insegurança.

Pais que tomam decisões constantes pelos filhos, não permitindo que desenvolvam autonomia, fazem com que eles cresçam emocionalmente incapazes de estabelecer limites saudáveis em relações futuras.

Pais que não demonstram atenção aos sentimentos e necessidades emocionais do filho, mesmo que suas necessidades físicas sejam atendidas, desenvolvem nesse filho a crença de que suas emoções não são importantes, resultando em dificuldade para expressar sentimentos ou confiar nos outros.

Pais que alternam entre carinho e frieza sem explicação clara criam insegurança emocional, medo de abandono e a necessidade de agradar para manter o vínculo.

Pais que tentam compensar a ausência emocional ou física oferecendo presentes e recompensas materiais fazem com que os filhos possam vir a ter dificuldade em distinguir afeto genuíno de transações, resultando em relacionamentos baseados em trocas ou dependência de validação externa.

Frases como "depois de tudo que fiz por você, é assim que me trata?" ou "se você realmente me amasse, faria isso" geram culpa e uma dinâmica de submissão, e a criança aprende a se sacrificar para manter o afeto dos outros.

Comparar frequentemente o filho com irmãos, amigos ou outras crianças, destacando as qualidades dos outros, é alimento para rivalidades, baixa autoestima e uma visão de que o amor é limitado e competitivo.

Pais que evitam que o filho enfrente dificuldades ou desafios, tomando para si a responsabilidade de resolver todos os problemas, limitam o desenvolvimento de resiliência e capacidade de lidar com frustrações, gerando dependência emocional.

Pais que, devido a traumas, estresse ou outras questões, estão fisicamente presentes, mas emocionalmente ausentes, geram sentimentos de abandono emocional, dificuldade em confiar nos outros e busca constante por atenção.

Naturalmente, todos esses contextos geram feridas infantis e defesas na personalidade que favorecem o estabelecimento de relacionamentos codependentes, com a tendência a se anular para agradar o outro; ciúmes excessivos pelo medo de abandono e insegurança; dificuldade em expressar ou receber afeto pelo medo de rejeição ou vulnerabilidade; e busca por validação constante, com necessidade de aprovação externa para sentir valor próprio.

Todo adulto necessitará, portanto, olhar para os padrões afetivos familiares para reconhecer o que precisa fazer hoje por si mesmo de forma a nutrir e desenvolver os núcleos sadios de afeto que consolidem, gradualmente, os sentimentos de segurança e aceitação de si mesmo, e a habilidade para respeitar-se e respeitar o outro, condições essenciais para o fluxo do amor a dois.

CIÚMES OBSESSIVOS

Há pessoas que apresentam padrões de ciúmes intensos e obsessivos, os quais não podem controlar e que trazem forte prejuízo às relações afetivas.

Esses ciúmes se manifestam como forte suspeita de infidelidade (sem causa justa), vigilância constante do outro, rituais mentais contínuos, ansiedade extrema, angústia e incapacidade de se concentrar para realizar atividades diárias, desconfiança e cobranças.

Quando o padrão do ciúme é obsessivo, pode ser que ele seja sintoma mental e parte de um transtorno obsessivo compulsivo (TOC). Nesse caso, os pensamentos são intrusivos, repetitivos e não podem ser controlados simplesmente pelo esforço ou pela vontade. A pessoa geralmente reconhece que seus medos são irracionais, mas sente-se incapaz de controlá-los.

Os pensamentos obsessivos geralmente se associam a compulsões e a comportamentos repetitivos para aliviar a ansiedade causada pelas obsessões.

Nesse caso, é necessário o tratamento medicamentoso, com antidepressivos (inibidores da recaptação de serotonina) e antipsicóticos específicos que controlam os pensamentos obsessivos e trazem alívio.

Já tive oportunidade de tratar algumas pessoas com esses sintomas mentais que tinham resistência a perceber os ciúmes como parte de um quadro de TOC, e é muito gratificante ver não só o alívio do sintoma, mas também da relação a dois, que passa a fluir e a florescer.

Muitos dos efeitos das feridas infantis e defesas que carregamos demandam o uso de medicamentos alopáticos e/ou homeopáticos para que possamos respirar aliviados, não mais perdendo tempo tentando controlar sintomas e podendo focar a nutrição de profundidade, a autoestima e o valor pessoal, que produzem efeitos duradouros.

Capítulo 20
ESTABELECER LIMITES: IMUNIDADE FÍSICA E IMUNIDADE PSÍQUICA

Quando você estabelece limites, você está permitindo que sua vida se baseie no que é mais importante para você, e não no que os outros esperam de você.
PEMA CHÖDRÖN

UM DOS EFEITOS COMUNS DAS FERIDAS TRAUMÁTICAS INFANTIS é a dificuldade de estabelecer limites claros entre si mesmo e o outro, em definir os limites que preservam a identidade e as relações de forma saudáveis.

Duas defesas psicológicas habituais decorrentes das nossas dores infantis primais são a ausência de barreiras ou limites e a hiper-reatividade. Na primeira, abrimos espaço para invasões relacionais e possíveis abusos; na segunda, para sermos fechados, frequentemente violentos e, por vezes, abusivos ou invasivos.

Ao longo da vida, nossas defesas, juntamente com outras características, formatam nossas personalidades e dinâmicas relacionais, favorecendo relações saudáveis ou tóxicas.

Reconhecer a si mesmo e diferenciar-se do outro é uma necessidade de saúde.

IMUNIDADE PSÍQUICA

No livro *Savoir se défendre: L'immunité psychique* ("Saber se defender: a imunidade psíquica"), o psiquiatra francês Christophe Massin aborda esse tema e explora a importância de desenvolver a imunidade psíquica para se proteger de agressões emocionais e psicológicas no cotidiano.

Ele aborda como indivíduos podem aprender a se defender, estabelecer limites e impedir que a violência seja direcionada a eles.

Massin fala sobre o porquê de algumas pessoas permanecerem passivas diante de agressões enquanto outras conseguem protestar e impor limites.

Ele também advoga que compreender o funcionamento psicológico individual e as motivações profundas é essencial para fortalecer essa imunidade psíquica. Isso permite superar sentimentos de impotência e culpa, promovendo uma reconciliação consigo mesmo.

O autor também oferece uma nova abordagem do aprendizado de se defender, ser respeitado e impedir a violência contra si, enfatizando a necessidade de avaliar o próprio funcionamento psicológico e compreender as razões por trás de comportamentos passivos ou reativos.

Christophe Massin propõe uma interessante analogia entre o sistema imunológico do corpo e a imunidade psíquica para explicar como nos protegemos emocional e mentalmente das "agressões" externas e internas.

Assim como nosso corpo nos protege do que é externo e ameaçador e mantém o meio interno regulado, também a nossa mente e nossas emoções, nosso sistema de crenças e nossas condutas nos protegem do que é sentido como ameaçador à identidade e à integridade pessoal, quando equilibrados.

ANALOGIA ENTRE IMUNIDADE FÍSICA E IMUNIDADE PSÍQUICA

Proteção contra agressões externas

Assim como o sistema imunológico físico identifica e combate agentes invasores, como vírus e bactérias, a imunidade psíquica nos ajuda a lidar com ataques emocionais, como críticas, manipulações e situações de conflito. Ela envolve reconhecer quando somos desrespeitados ou ameaçados em nosso bem-estar mental e agir em conformidade com a nossa verdade interior.

Manutenção do equilíbrio interno

O sistema imunológico físico trabalha para manter o equilíbrio do organismo (homeostase). Da mesma forma, a imunidade psíquica nos permite regular nossas emoções e pensamentos para preservar a estabilidade emocional e evitar que estímulos externos desestabilizem nosso estado interno.

Reconhecimento e reação apropriada

No corpo, um sistema imunológico saudável reconhece ameaças reais e não reage excessivamente a estímulos inofensivos (como no caso de alergias). A imunidade psíquica funciona de forma semelhante: precisamos diferenciar situações reais de ameaça daquelas que não exigem uma reação emocional intensa. Reagir de maneira equilibrada é essencial.

Fortalecimento pelo autocuidado

Assim como hábitos saudáveis (boa alimentação, sono, exercícios físicos) fortalecem a imunidade física, cuidar de si mesmo emocionalmente – estabelecendo limites, praticando a autoaceitação e evitando o excesso de estresse – é fundamental para desenvolver uma imunidade psíquica robusta.

Vulnerabilidade quando enfraquecido

Assim como o corpo fica mais vulnerável a doenças quando o sistema imunológico está enfraquecido, a mente também se torna mais suscetível a agressões emocionais quando estamos exaustos, inseguros ou sobrecarregados.

Desenvolver imunidade psíquica é um processo ativo e contínuo, que envolve tanto o reconhecimento das ameaças quanto o fortalecimento da nossa capacidade de lidar com elas de maneira saudável.

*

Christophe Massin propõe uma analogia entre os três principais tipos de doenças do sistema imunológico e nossas personalidades, na vivência da imunidade psíquica.

TRÊS PRINCIPAIS GRUPOS DE DOENÇAS DO SISTEMA IMUNOLÓGICO

Imunodepressão

Uma pessoa imunodeprimida tem uma baixa ou ausente defesa imunológica, e é suscetível a adoecer por estímulos agressores cotidianos que seriam facilmente combatíveis caso seu sistema imunológico estivesse íntegro. É o que acontece, por exemplo, com pessoas em tratamento de câncer que são submetidas a quimioterapias que destroem as células de defesa do organismo – glóbulos brancos (leucócitos) – e sua capacidade de reação.

Quem traz feridas importantes na autoimagem, no senso de estima pessoal e na própria identidade, além de defesas de retração ou inibição pessoal, frequentemente tem grande dificuldade de reagir frente a situações ameaçadoras ou agressoras do cotidiano.

São pessoas sempre boazinhas, tímidas, caladas e que inibem as respostas que poderiam defendê-las das violências ou das injustiças no dia a dia, e que cultivam mágoas e ressentimentos.

Quando questionadas sobre o que sentem, calam ou dizem "nada, não", abdicando do direito e da necessidade de expressar sentimentos, e o que pensam ou desejam. Acumulam conteúdo emocional até chegarem ao ponto de saturação e explodirem como uma bomba, promovendo destruição em si mesmas e em suas relações.

Esse tipo de comportamento, com o tempo, termina por adoecer a pessoa, que somatiza em diversos níveis – de dores no corpo a cânceres variados, como se observa na prática clínica.

Desenvolver a imunidade emocional, a capacidade de expressar o que se sente, é fundamental para a imunidade psíquica. Isso pode ser feito pouco a pouco, quando a pessoa vai trabalhando a autoimagem, curando a visão de si mesma, excluindo as crenças negativas e afirmando a dignidade pessoal por meio do autoamor persistente e disciplinado.

Quando isso acontece, as pessoas habituadas a interagir com quem antes se inibia começam a se surpreender com a habilidade de colocar limites ou de se manifestar, e as dinâmicas relacionais começam a mudar.

Muitas vezes, no consultório, ouvi de pacientes que chegaram a esse ponto com a ajuda de medicações homeopáticas (que trabalham também o emocional e o mental, além do físico): "Pensei que o outro me agrediria ou não me amaria mais, mas, na verdade, percebi que não aconteceu o que eu fantasiava e que era eu quem não me amava, temendo meus fantasmas interiores".

Autoimunidade

As doenças autoimunes são caraterizadas pela perda da capacidade do organismo de reconhecer o que é próprio em determinada área e atacar a si mesmo por meio de autoanticorpos.

Os anticorpos são imunoglobulinas, proteínas produzidas pelo sistema imunológico e, mais especificamente, por um tipo de glóbulo branco chamado linfócito B (ou plasmócito, em sua forma ativada). Eles desempenham um papel fundamental na defesa do organismo contra agentes estranhos, como vírus, bactérias, fungos e toxinas, garantindo que o corpo responda de forma mais eficaz a infecções futuras.

Desenvolver anticorpos, portanto, é desenvolver a competência de resposta a um estímulo agressor já conhecido.

Uma infecção bacteriana combatida na infância, por exemplo, pode produzir anticorpos para a vida toda contra aquele tipo de bactéria. Mas pode ser também que esses mesmos anticorpos confundam o agente agressor e comecem a atacar partes do corpo estruturalmente semelhantes à bactéria, como ocorre com células da tireoide, por exemplo, gerando, nesse caso, uma doença autoimune chamada de tireoidite de Hashimoto.

As pessoas que têm autoimunidade psíquica se caracterizam por voltar para si as respostas aos impulsos agressores e violentarem a si mesmas. Elas trazem defesas infantis de retração que inibem a capacidade de se diferenciar do outro, adotando postura servil e culpa excessivas.

São pessoas que nutrem um falso senso de responsabilidade por situações e circunstâncias que não lhes pertencem, por incapacidade de confrontar ou medo de decepcionar o outro e perderem o seu afeto.

Assim, voltam para si o impulso de raiva e reação, acumulando o lixo do outro no seus espaços mental e emocional por falta de barreiras protetivas e saudáveis.

Desenvolver a competência de reagir e dizer não é extremamente importante para a saúde psíquica.

Há uma importante observação a esse respeito feita por Jesus no "Sermão da montanha" e anotada no evangelho de Mateus:

"Seja, porém, o vosso falar: Sim, sim; Não, não; porque o que passa disto é de procedência maligna". (*Mateus*, 5:37)

"Maligna" é a postura do mal cometido contra nós mesmos ao aceitarmos ser lixeira para o lixo alheio.

O autoconhecimento é essencial para desenvolver a competência de diferenciar o que é seu e o que é do outro, o que não é tarefa fácil nem simples, mas necessária.

A autocompaixão e o autoamor são medicações eficazes contra a autoimunidade psíquica. Abandonar julgamentos morais, evitar a autocrítica destrutiva, exonerar-se das falsas culpas e moderar a servidão são atitudes necessárias para a cura interior.

Todas essas mudanças interiores fazem parte de um processo, acontecem no tempo e a partir de inúmeras pequenas ações e decisões repetidas e persistentes de autoamor.

É preciso suportar a "boa culpa", aquela que surge quando rompemos padrões familiares, sistêmicos, afetivos ou emocionais com os quais nos identificamos por longo tempo. Costumo dizer que essa culpa é como um bloco de gelo que carregamos debaixo do braço e que vai derretendo progressivamente ao calor do autoamor.

É necessário tempo, paciência e foco na amorosidade consigo mesmo.

Para muitos, faltou o amor dos pais ou das figuras de referência na infância, que é o que estrutura a certeza de ser amado e, agora, na vida adulta, cada um deve se tornar pai e mãe de si mesmo, sendo a própria voz autorizadora e curativa naquilo que necessita.

Para isso, ajuda muito cercar-se de pessoas e comunidades compassivas, ambientes ausentes de julgamento moral e em que se cultivam filosofias fortalecedoras da autoestima, que nutrem a imunidade psíquica e a saudável competência de agir de forma adequada e autêntica em cada circunstância.

Alergias ou reações alérgicas

As reações alérgicas do nosso organismo são respostas exageradas do sistema imunológico a substâncias normalmente inofensivas, conhecidas como alérgenos. Esses alérgenos podem incluir pólen, ácaros, alimentos, medicamentos, pelos de animais e outros elementos do ambiente.

Quando o organismo identifica erroneamente essas substâncias como perigosas, o sistema imunológico libera substâncias químicas como a histamina, que causam os sintomas característicos de uma alergia, incluindo: espirros, coriza, congestão nasal; coceira na pele, urticária; inchaço; sintomas respiratórios (como asma); e reações graves, como anafilaxia.

As pessoas que têm uma imunidade psíquica alérgica apresentam fortes defesas de expansão e hiper-reatividades emocionais ao menor estímulo. São pessoas que estão sempre inflamadas e hiper-responsivas.

Em geral, têm um forte senso de vulnerabilidade interior e um intenso mecanismo de defesa que pretende evitar o contato com a dor da pequenez ou da insuficiência que vive no mais profundo de si mesmo.

Controle, autoritarismo, vaidade excessiva, arrogância, agressividade e violências verbais ou físicas caracterizam a "alergia psíquica", que cria enormes obstáculos emocionais e relacionais.

Diante de pessoas com essas defesas, as outras, que não têm capacidade de autodefesa, sentem-se inibidas, invadidas, retraídas ou ameaçadas, o que cria relações de subserviência, bajulação, servidão e relações superficiais.

Aqui, o trabalho é reconhecer a exata medida das coisas e perceber o nível de reação que cada situação realmente requer.

A necessidade é de aquietar, aguardar um tempo mínimo de reação para bem caracterizar o que sente, o que realmente está acontecendo, aquilo de que precisa e a medida justa para cada situação, o que é uma grande dificuldade para pessoas mais impulsivas e reativas.

Ajuda muito, nesse caso, exercitar a empatia, sair de si mesmo e tentar observar a vida e os acontecimentos pela perspectiva do outro para relativizar o impacto e os sentimentos.

Para estabelecer limites saudáveis para si mesmo, a empatia e a compaixão são recursos excelentes.

Para isso é fundamental mergulhar com amorosidade na própria insegurança e vulnerabilidade e reconhecer a criança ferida que está encolhida em um canto, solitária, sentindo-se não amada ou sobrecarregada com responsabilidades e tarefas emocionais que não competem a ela, e abraçá-la, acolhê-la e cuidar de suas necessidades no agora.

O primeiro limite que nossas crianças interiores precisam é o dos nossos braços ao redor delas, aconchegando-as no acolhimento amoroso e livre de julgamentos que nutre e estrutura a saudável imunidade psíquica.

*

Para qualquer tipo de defesa que tenhamos ou dor que esteja ativa, desenvolver limites claros e assertivos ajuda a pacificar as relações e a desenvolver respostas justas, na medida adequada ao que requer cada situação e circunstância.

Capítulo 21

AS TRÊS METAMORFOSES DO ESPÍRITO SEGUNDO NIETZSCHE: CAMELO, LEÃO E CRIANÇA

Três metamorfoses do espírito menciono para vós: de como o espírito se torna camelo, o camelo se torna leão e o leão, por fim, criança
NIETZSCHE
[ASSIM FALOU ZARATUSTRA]

O FILÓSOFO ALEMÃO FRIEDRICH NIETZSCHE APRESENTA, EM SUA obra *Assim falou Zaratustra*, uma interessante imagem das etapas de transformação do espírito.

Não sou particularmente afim com as ideias do filósofo do niilismo, mas tomei conhecimento dessa imagem pela primeira vez na interpretação do psicólogo espanhol e constelador familiar Joan Garriga, a quem admiro muito, em um *workshop*, fazendo referência aos movimentos da alma e acrescentando as suas próprias imagens.

Trago-a aqui como uma analogia com o crescimento e com a transformação pessoal que experenciamos no processo de cura interior.

O CAMELO

Na primeira transformação do espírito, essência pura e original, temos a fase do camelo. Ele se caracteriza por ser um animal servil, de carga, que transporta aquilo que lhe colocarem nas costas, sem questionamento. O seu prazer e a sua tarefa existencial é executar aquilo que lhe foi comandado enquanto serve ao seu senhor: "tenho que".

Na fase do camelo, primeiramente acolhemos a carga que nos chega por meio de nossos pais e seus emaranhamentos sistêmicos, no contexto que, como vimos anteriormente, formata as nossas feridas infantis e as nossas defesas de personalidade.

Essa é a nossa primeira carga, como efeito do contexto e da circunstância de vida e que seguirá conosco por toda a vida, embora possamos mudar a forma de carrega-la.

Nossas personalidades são moldadas, em parte, como resultado desses vínculos iniciais, e aí assumimos, com certa alegria, a tarefa pesada e hercúlea de seguir os nossos destinos.

Como o camelo, muitos passarão a vida toda servindo ao deus "tenho que", sentindo-se dotados de responsabilidades que não lhes pertencem e que foram assumidas nas inversões de ordem familiar; buscando salvar aqueles que amam, assim como determinou o amor cego infantil; tentando ser alguém na vida e provar o seu valor diante do sentimento de menos--valia presente desde a infância; esforçando-se por ser amado, à custa de sacrifício, pela impossibilidade de negar ao outro o que deseja e correr o risco de perder o seu afeto. São muitas as cargas do camelo.

No entanto, há cargas que não são dolorosas e que também pertencem ao universo do "tenho que". Todos assumimos, em algum momento, a tarefa interior de ir em busca dos sonhos, de conquistar o nosso espaço e um lugar ao sol, de sermos reconhecidos e respeitados em nossas conquistas e realizações.

"Tenho que ser alguém", "tenho que vencer na vida", "tenho que ser ético e justo", "tenho que ser bom", "tenho que ser vencedor", "tenho que me destacar e brilhar"… São muitos os "tenhos" que viram normas, formatações, regras, crenças interiores e direcionamentos, muitas vezes rígidos, que trazem desconforto e geram ansiedade e esgotamento.

No meio espiritualista, em várias denominações, vejo um "tenho que" frequente e perigoso: "tenho que ser melhor".

Essa ideia é perigosa porque se utiliza de um sentimento nobre e elevado que todos devemos perseguir. E, sim, é natural que desejemos progredir, crescer e nos aprimorarmos; certamente, essa é uma meta nobre.

No entanto, uma boa parte das pessoas que carrega o peso do "tenho que ser melhor" está permanentemente olhando para a falta e sentindo-se insatisfeita, sempre brigando com o presente e com aquilo que é. Quando atinge o objetivo almejado, a idealização já está mais adiante, e o foco está sempre na falta, no que não se é.

Para o camelo, o paraíso é sempre o futuro, aquilo que não está aqui, mas que se alcançará adiante: a vitória, a conquista suprema, o gozo. O agora é luta e disciplina, o amanhã é a recompensa.

O camelo se dobra sobre seus joelhos, suportando o calor do deserto e longos períodos sem água e sem alimento. Sacrifício é seu lema.

Muitos pais e mães de família permanecem fixados na fase do camelo: tudo é para os filhos, para a família; eles serão felizes na velhice, no futuro. Muitos casais se perdem como parcerias amorosas nesse movimento e, quando os filhos saem de casa e chega o tempo da futura felicidade, a relação não mais existe e a falta gera a síndrome do ninho vazio, trazendo angústia e depressão.

O camelo precisa aprender a usufruir.

Lembro-me sempre dos nossos avós – e até mesmo dos nossos pais – que sempre guardaram a melhor louça para as visitas; o melhor vinho para as celebrações muito especiais; as boas roupas para os dias de festa ou de igreja. Há nessa postura uma imensa dificuldade de usufruir, de celebrar o dia a dia como sagrado e especial, de reconhecer as vitórias e os progressos como pessoas e como famílias.

Quantos filhos gostariam que os pais usufruíssem o tanto que merecem, pois são grandiosos aos olhos daqueles que receberam tudo do seu sacrifício? Mas, infelizmente, os pais não se percebem assim, ou, quando se percebem, não se permitem usufruir.

Certo dia, vi a postagem de um casal de irmãos que, após a morte dos pais, resolveu abrir o vinho caro e especial que havia sido guardado para ocasiões extraordinárias, e que tinham morrido sem consumir. Quando abriram a garrafa, a bebida estava avinagrada, havia se deteriorado, não estava mais apta para consumo.

O tempo do usufruto é no aqui e no agora, com as moderações necessárias.

Precisamos sacralizar o comum, o habitual, o cotidiano.

Tudo é sagrado quando vivido na plena presença.

O camelo carrega, serve, alegra-se em executar a sua tarefa e sacrifica-se com devoção à vontade do seu senhor.

Nietzsche comenta que o lema interior do camelo é: "O que é mais pesado, ó heróis?, pergunta o espírito resistente, para que eu o tome sobre mim e me alegre de minha força".

O camelo não é livre como pensa, pois sua liberdade é ilusória. Ele segue o dever que lhe foi imposto e teme ser punido em caso de desobediência. Teme a Deus, por isso tem uma moral rígida, e, por ser moralista, esconde sua verdadeira escolha para o espaço privado, onde ninguém o vê.

O camelo busca a autoconservação, e sua rigidez faz com que, por vezes, mude de cenário mas não de peso. Passa a ser comandado em novo emprego, em nova atividade, mas sempre guiado pelo "tenho que".

Até que chega a um ponto de saturação, de cansaço e de desejo de ampliação.

O camelo, então, busca o deserto, isola-se (como fez Saulo de Tarso) e sobrevém o tempo da maturação: é chegada a fase do leão.

O LEÃO

A segunda fase, a do leão, se caracteriza como uma firme oposição à fase do camelo.

O leão é um animal que não "tem que"; ele define o que quer, quando quer e domina o cenário e as circunstâncias. O leão procura a presa, persegue-a e a ataca de forma eficaz, conquistando o seu alimento.

Ele é destemido e domina o seu território, defendendo com garras e dentes a sua dominância.

Nessa fase, a vontade está direcionada ao exercício do direito de escolha, de determinar o que lhe convém, de não atender às convenções e de o ser senhor de si mesmo.

"No deserto mais solitário, porém, se efetua a segunda metamorfose: o espírito se torna leão, quer conquistar a liberdade e ser senhor em seu próprio deserto",[5] comenta Nietzsche.

No entanto, essa não é exatamente uma liberdade, porque o leão vive o imperativo de fazer oposição à fase do camelo. "Agora, eu é que mando"; "Eu escolho, eu determino"; "Ninguém me comanda".

Trata-se de uma importante fase, como temos visto, na construção da autonomia da vida adulta, no cuidado das necessidades da criança interior e na liberação dos efeitos traumáticos sustentados durante tanto tempo.

"Para criar a liberdade para si e um santo NÃO, mesmo perante o dever: para isso, meus irmãos, é preciso o leão",[6] diz Nietzsche.

---

[5]. Nietzsche, 2003, p. 29.
[6]. Idem, p. 30.

Esse é um tempo de definir limites e estabelecer novas fronteiras; esse movimento ativa muito a raiva e a energia da destruição, trazendo consigo o desafio de como seguir após a mudança. É o que acontece em separações conjugais; no reconhecimento de uma orientação sexual negada ou de uma identidade de gênero não reconhecida durante muitos anos; na mudança de emprego, de religião, de grupo de amigos, de ideias e de conduta diante de algo bem estabelecido.

O primeiro uso da liberdade do leão é para estabelecer o "livre de" no lugar do "tenho que", e essa liberdade é ainda uma prisão. Não está ainda livre para criar, para definir verdadeiramente os próprios valores, visto que sofre a opressão da oposição à fase anterior, que lhe parece agora insuportável.

Um belo exemplo é aquela pessoa, mais frequentemente mulher, que após anos de um casamento com uma dinâmica relacional opressiva, fruto da complementação das feridas e das defesas do ego do casal, desenvolve-se e satura-se daquela dança a dois na qual vive a fase do camelo, sentindo a imensa necessidade de ser livre daquele jugo e ter liberdade. Com certa dificuldade, mas com coragem, consegue terminar o relacionamento – no caso da impossibilidade de mudança da dinâmica relacional – e, após se ver livre do que sentia como opressão, sente um vazio enorme e não sabe o que fazer nem para onde ir. Sabia que precisava ser livre, mas não sabe para onde deseja ir, no agora.

Na sequência desse movimento, o leão então se move do "livre de" para o "livre para", e começa a exercitar seu livre direito de escolha, saindo da oposição ao camelo e começando a jornada de construção de valores e posturas mais amplas e flexíveis.

A CRIANÇA

A sequência da transformação do espírito é a fase da criança.

Nietzsche utiliza aqui a imagem luminosa da criança, que abordaremos mais detalhadamente no próximo capítulo.

A criança se caracteriza pela espontaneidade no sentir e no agir, pela sintonia com o presente e com aquilo que se mostra no agora, pela liberdade de criar e certa rebeldia no agir de acordo com o que deseja.

Se a fase do camelo se caracteriza pela conservação e a do leão, pela destruição, a fase da criança é marcada pela criação.

Nessa fase, a pessoa deseja e se autoriza a ser juiz em sua própria causa, a se tornar a própria voz autorizadora. e a construir o novo em sua vida.

Como a criança, quando alguém alcança essa fase, passa a ter liberdade para sentir o que convém, como convém e quando convém.

Então, aquilo que hoje é "sim", amanhã pode ser "não", ou até mesmo "talvez", de acordo com as circunstâncias. Não se trata de não ter valores, e, sim, de vivê-los de forma leve e flexível, sentindo o que está em sintonia com o coração em cada instante.

A criança sabe sentir o próprio corpo e perceber o que ele comunica no presente.

Nessa fase, desenvolve-se uma sensibilidade aguçada ao que comunica o interior como reflexo das energias, das intenções, do contexto e mesmo de missões e tarefas pessoais de cada instante.

A vida flui de maneira leve em harmonia com o interior, o que nem sempre é compreendido ou aceito por aqueles que não estão na mesma fase e que vivem a conservação do camelo ou a necessidade de destruição do leão.

"E aqueles que foram vistos dançando foram julgados insanos por aqueles que não podiam escutar a música", comenta Nietzche.

Enquanto na fase do camelo servimos a vida com o que devemos e na fase do leão com o que queremos, na fase da criança estamos mais aptos a servir a existência com aquilo que realmente temos a dar, com autenticidade, compaixão e flexibilidade.

HÁ MUITOS "EUS" DENTRO DE NÓS

Embora Nietzsche tenha descrito as três fases como um movimento único do espírito, que todos vivemos, minha percepção é que, sim, todos vivemos as três etapas, no entanto, pode ser que em uma área da vida estejamos em uma fase e, em outra área, em outra fase.

Há muitos "eus" no nosso albergue interior.

Um se identifica mais com a família, outro com a liberdade, outro com as feridas, outro com a transcendência e por aí adiante.

Há pessoas que vivem o camelo em família, são leões no ambiente profissional e crianças no âmbito religioso, por exemplo.

Outras se sentem livres para decidir algo pessoal e fluidas para sentir e agir no profissional, mas não conseguem se desprender de tarefas e deveres sacrificantes que ainda fazem sentido para elas no âmbito familiar, ou dos quais já se saturaram mas ainda não têm forças para se libertar.

Quantas pessoas são bem-sucedidas profissionalmente e vivem relações de dependência na relação de casal ou de simbiose com os filhos?

Então, parece-me mais amplo considerarmos as três fases como movimentos paralelos em vários setores da experiência e a plena potência ou paz interior como a integração coerente dos movimentos, no tempo.

AS TRÊS ETAPAS NA RELAÇÃO COM OS PAIS

Quando compreendemos esses movimentos da alma, do espírito, no caminho da verdadeira liberdade e da criação, podemos visualizar as etapas de cura das dores infantis.

Na fase do camelo, vivemos o ciclo da dor, da repetição, com as dores primais e as defesas do ego definindo as tarefas existenciais de forma a nos conservar vivos e sobreviventes às ameaças contra a nossa identidade e a nossa integridade.

Nessa etapa, abraçamos os impulsos do amor cego na relação com os pais e nutrimos os deveres salvadores e as atitudes sacrificantes, acreditando viver a liberdade sem perceber o domínio do "tenho que".

Logo após o deserto emocional, o fracasso, o cansaço e a frustração por não termos construído nosso próprio caminho, desenvolvemos a energia do leão, uma energia de reação e destruição, para construirmos o destino tal como desejamos e vislumbramos.

Nessa etapa, desejamos ser a oposição ao que sentimos ser a imposição dos pais e viver a liberdade de decidir por nós mesmos.

Importantíssima fase, mas ainda não verdadeiramente livre, porque ainda somos incapazes de definir valores flexíveis e autênticos.

Segue-se, então, a fase da criança, com a conservação garantida, a destruição já não tão necessária e a espontaneidade de sentir o que é preciso acompanhando a liberdade de definir aquilo de que realmente carece e deseja.

Nessa etapa, a autonomia da vida adulta alcança o seu auge. As dores e defesas que viraram cargas pesadas na fase do camelo já foram reconhecidas e suportadas; as reações e desconstruções da fase do leão já foram experimentadas, e o cuidado, a compaixão e a amorosidade da fase da criança podem agora ter lugar e predominância, trazendo leveza e espontaneidade para a relação com os pais, para conosco e para com a vida.

O FILÓSOFO ALEMÃO FRIEDRICH NIETZSCHE APRESENTA, EM SUA OBRA "ASSIM FALOU ZARATUSTRA", UMA INTERESSANTE IMAGEM DAS ETAPAS DE TRANSFORMAÇÃO DO ESPÍRITO: "O ESPÍRITO SE TORNA CAMELO, O CAMELO SE TORNA LEÃO E O LEÃO, POR FIM, CRIANÇA".

EMBORA NIETZSCHE TENHA DESCRITO AS TRÊS FASES COMO UM MOVIMENTO ÚNICO DO ESPÍRITO, QUE TODOS VIVEMOS, MINHA PERCEPÇÃO É QUE, SIM, TODOS VIVEMOS AS TRÊS ETAPAS, NO ENTANTO, PODE SER QUE EM UMA ÁREA DA VIDA ESTEJAMOS EM UMA FASE E, EM OUTRA ÁREA, EM OUTRA FASE.

HÁ MUITOS "EUS" NO NOSSO ALBERGUE INTERIOR.

Capítulo 22

O POTENCIAL LUMINOSO DA CRIANÇA INTERIOR

Em cada adulto espreita uma criança – uma criança eterna, algo que está sempre em processo de se tornar, nunca é completado, e que exige um carinho, atenção e educação sem fim. Essa é a parte da personalidade que deseja se desenvolver e se tornar inteira.
CARL GUSTAV JUNG

O TRABALHO DE CURA DA CRIANÇA INTERIOR NÃO É APENAS SOBRE curar feridas, mas também sobre reconectar-se com as qualidades luminosas que ela representa – alegria genuína, entusiasmo pela vida e confiança de que somos dignos de amor.

A criança interior é a nossa fonte de espontaneidade, criatividade e capacidade de nos maravilharmos com a vida.

É nela que reside o frescor da alma, a pureza do olhar e o potencial de transformação que nos conecta ao divino dentro de nós.

Esses potenciais foram muitas vezes inibidos e sufocados por ambientes e relações que intoxicaram a fonte, fazendo-nos crer que não há água pura para matar a nossa sede de dignidade e valor.

Mas, sim, sempre há.

Às vezes é preciso cavar fundo e vencer resistências tão sólidas como a rocha para alcançar o veio abundante de água interior no lençol freático da alma.

Nossas crianças interiores trazem potenciais espontâneos que merecem permissão para aflorar e se desenvolver.

AUTOPERMISSÃO PARA FLORESCER

Quando nos recordamos das nossas infâncias, dos nossos sonhos e encantos muitas vezes secretos, encontramos tendências espontâneas para o desenho, a pintura, a liderança, o canto, os esportes, a música e tanto outros talentos que aguardam permissão para ser desenvolvidos. Hoje essa permissão não vem nem de pai, nem de mãe, nem de ninguém que deixamos que os represente para nós (avós, marido, esposa, professores). Agora ela é nossa, por direito e por necessidade.

"Se escutar uma voz dentro de você dizendo 'Você não é um pintor', então pinte sem parar, de todos os modos possíveis, e aquela voz será silenciada", afirmou o célebre pintor holandês Vincent Van Gogh.

A permissão para seguir nos caminhos do coração e na espontaneidade da alma é aos poucos construída na renovação de crenças, na decisão e na estruturação do autoamor e na persistência dos esforços em prol de si mesmo.

Ao acolhermos e amarmos a nossa criança interior, damos a ela permissão para florescer e nos relembrar de quem somos em essência: seres criativos, livres e conectados à abundância do universo.

A luz da criança interior não se apaga, mesmo quando obscurecida por dores ou traumas. Ela permanece como uma chama dentro de nós, esperando pelo momento em que nos voltaremos para ela com acolhimento e compaixão.

Limpar o terreno que intoxica as sementes é fundamental para que elas tenham chance de germinar, mas nutri-las com água limpa e sustentar-lhes o crescimento, adubando as suas raízes, é o que realmente faz a diferença para que o campo interior seja aquele que idealizamos e sonhamos para nós, na medida das possibilidades.

CONFIANÇA NA VIDA E FÉ NO DIVINO (ESPIRITUALIDADE)

Nossa criança interior carrega em si a imensa capacidade natural de confiar na vida e de se entregar à condução daqueles que ama. Reconectar-se com essa energia pode trazer de volta a capacidade de acreditar no potencial do bem, mesmo em momentos difíceis.

Precisamos resgatar essa competência de confiança que foi machucada nas feridas de rejeição, traição, violência e abandono, aprendendo a confiar em uma potência de amor maior que nos conduza com compaixão e benevolência.

A criança interior é associada à pureza da alma, uma qualidade que nos conecta com o que é transcendente e sagrado. Ela nos lembra da nossa essência espiritual e de que fazemos parte de algo maior, divino e sagrado, no qual devemos confiar.

A fé é formada pela confiança somada à entrega, e representa um importante caminho de conexão com a guiança interior da alma, que aporta sempre amorosidade e compaixão.

Por meio da fé sustentada em crenças e práticas positivas, nutrimo-nos do amor incondicional de Deus e preenchemos um espaço necessitado de cuidados materno e paterno livre de julgamento, desde que nossa imagem de Deus não seja antropocêntrica, ou seja, espelho da nossa imagem humana e imperfeita.

A espiritualidade sadia é uma das luzes naturais da nossa criança interior.

CAPACIDADE DE AMAR E SER AMADO

As crianças, desde que sadias, naturalmente se conectam à natureza, à compaixão, à fraternidade e à empatia, umas mais do que outras a depender da personalidade e do meio em que vivem. De toda forma, a imensa maioria forma vínculos espontâneos e laços afetivos significativos. As crianças desejam amar e partilhar o que são com aqueles que são seus afetos.

Resgatar a capacidade de amar é parte fundamental da cura interior. O amor na vida adulta não é mediado por fantasias infantis; ele se sustenta no equilíbrio das trocas e requisita, por vezes, a habilidade de renunciar e se sacrificar no cuidado amoroso. No entanto, a espontaneidade e a abertura da nossa criança interior para as trocas afetivas é fonte de luminosidade íntima.

Quem se fecha para a possibilidade de trocas cria um espaço interior sufocante e angustioso, pois é necessário movimentar as energias e forças da alma na partilha com corações que nutrem os mesmos valores que nós, bem como exercitar a fraternidade com aqueles que pensam e se comportam de maneira diversa da nossa.

O respeito é uma alta forma de amor.

ALEGRIA, ESPONTANEIDADE, CRIATIVIDADE E IMAGINAÇÃO

A criança interior traz em si a habilidade de se alegrar com o simples, com o pouco, criando seus próprios brinquedos e jogos.

Ela também tem um enorme potencial criativo, e esse aspecto é o que nos permite sonhar, criar e inovar sem medo do julgamento ou das limitações impostas pela racionalidade adulta.

A competência de criar é uma virtude necessária na vida adulta, no jogo de adaptação dos relacionamentos e de obtenção do que se precisa.

É essa competência que sustenta o "tomar" nas relações, composto por atitudes que criam as circunstâncias das quais se precisa sem depender exclusivamente das decisões ou iniciativas dos outros.

Outra marca da luminosidade da criança interior é o profundo entusiasmo genuíno pela vida. Essa é uma fonte de leveza que nos permite viver com mais presença e intensidade, em sintonia com o fluxo da natureza.

A criança observa o adulto, o seu meio e imita a natureza. O adulto contempla e introjeta a beleza e o ritmo natural, autorregulando-se em práticas e posturas que ativam a leveza interior quando em conexão com o lado luminoso da sua criança interior.

AUTENTICIDADE E VULNERABILIDADE

A criança interior, quando livre para ser quem ela é, não tenta se moldar para agradar ou corresponder a expectativas. Ela vive a partir de um lugar autêntico, permitindo-nos acessar a nossa essência verdadeira e nos expressarmos sem máscaras. Manifesta vulnerabilidade com coragem e sem que isso a diminua, convidando-nos a abraçar as nossas imperfeições como parte essencial da vida.

A autenticidade e a vulnerabilidade da criança interior são chaves para uma vida mais conectada, criativa e significativa. Ao honrarmos esses aspectos, nós nos permitimos viver com mais verdade, expressando a nossa essência e cultivando relações baseadas no amor e na confiança. Resgatar esses traços é um convite para retornar ao que somos em nossa forma mais pura: humanos, inteiros e genuínos.

O lado luminoso da criança interior nos devolve à nossa essência autêntica de seres livres, amorosos e criativos, capazes de nos maravilharmos com a vida. Desenvolvê-lo é um convite para resgatar e integrar esse potencial, transformando a nossa jornada em algo pleno e significativo.

Jung já afirmou que essa será sempre uma tarefa inacabada. Haverá sempre uma parte de nós necessitada de cuidado, desejando desabrochar mais intensamente e espalhar seu perfume.

AO ACOLHERMOS E AMARMOS A NOSSA CRIANÇA INTERIOR, DAMOS A ELA PERMISSÃO PARA FLORESCER E NOS RELEMBRAR DE QUEM SOMOS EM ESSÊNCIA: SERES CRIATIVOS, LIVRES E CONECTADOS À ABUNDÂNCIA DO UNIVERSO.

Capítulo 23

AUTOCURA: DIALOGANDO COM AS CÉLULAS E ATIVANDO A PRÓPRIA SAÚDE

A mente não é apenas um reflexo do corpo; na verdade, ela pode controlar os processos celulares. Nossos pensamentos e crenças têm a capacidade de influenciar a biologia das células.
BRUCE LIPTON

O PROCESSO DE CURA INTERIOR É ACOMPANHADO DE MUITA somatização dos processos emocionais, em sintomas físicos ou doenças, ao longo da vida.

Às vezes, o mergulho no autoconhecimento e a busca por respostas começa quando um sintoma ou uma enfermidade nos convida a uma atenção mais cuidadosa para conosco, como acontece nas urticárias, nas doenças autoimunes, nas depressões, nas ansiedades, nos distúrbios alimentares ou gastrointestinais etc.

Já falamos sobre os cuidados com as emoções e os sentimentos. Agora, gostaria de falar do cuidado com o corpo no curso de uma enfermidade.

Nosso corpo é formado de células que, juntas, formam tecidos, que, por sua vez, integrados, formam órgãos; estes, unidos, formam um sistema. Os sistemas, em conjunto, formam um organismo.

A célula, portanto, é a unidade básica do corpo, formada por organelas em seu citoplasma e por DNA em seu núcleo, que interagem produzindo a vida.

A Medicina e a Biologia têm estudado em profundidade a epigenética, matéria que pesquisa os fatores ambientais e comportamentais que comandam a ativação e a desativação dos genes do corpo.

Os genes, que são segmentos de DNA, fornecem as instruções para a produção de proteínas e funções vitais. No entanto, nem todos os genes estão "ativos" (ou expressados) o tempo todo. A epigenética estuda os mecanismos que controlam a ativação e a desativação de um gene.

A ciência descobriu que existe uma complexa rede molecular que circula no sangue e se liga às células pela membrana, gerando uma intrincada rede de sinalizações intracelulares que controla o funcionamento celular por meio da ativação e da desativação dos genes.

A epigenética determina, por exemplo, qual gene será ativado e em qual intensidade, o que tem amplo impacto na saúde e nas doenças.

As moléculas e os padrões epigenéticos podem ser influenciados por fatores como: alimentação, exposição a toxinas, estilo de vida e interações sociais. Isso significa que boa parte das moléculas que atuam na epigenética é produzida não só por nosso comportamento físico, mas também por decisões, atitudes, padrões mentais e emocionais.

A mente tem um papel enorme e decisivo no comando celular.

Se assim é, podemos lançar mãos de recursos como a hipnoterapia ericksoniana, por exemplo, para nos beneficiarmos da indução de estados de saúde desejados.

As meditações e as mentalizações criativas são poderosas ferramentas para integrar corpo e mente, produzindo calma e induzindo reequilíbrios orgânicos.

Sempre instruo os meus pacientes, quando necessário, tanto na prática clínica da homeopatia quanto nos *workshops* terapêuticos, a utilizarem a comunicação mente-corpo em seu benefício.

O primeiro recurso possível é a meditação, que chamamos de diálogo com o sintoma. Ela pode ser útil na ampliação da consciência sobre questões emocionais ou sistêmicas que sejam parte daquele processo de adoecimento.

Perceba que digo "sejam parte" porque o pensamento cartesiano aplicado à relação mente-corpo não costuma ajudar da mesma forma que serve às compreensões orgânicas, fisiológicas e patológicas. Ainda que conheçamos o efeito do estresse sobre o corpo ou de fortes emoções sobre o estado agudo de uma doença, a relação entre emoção, sentimento e corpo não é "causa e consequência", mas, antes, é fenomenológica, está ligada de forma simbólica e complexa, atuando em conjunto com os demais fatores que atuam sobre a saúde.

Assim, o diálogo com o sintoma permite uma expansão de consciência que pode ampliar o olhar sobre o processo de adoecimento por meio de imagens que podem aflorar ou de percepções que podem sobrevir no estado de meditação.

Da mesma forma, o diálogo com as células pode permitir um direcionamento consciente e intencional da epigenética na direção desejada, de forma a potencializar um tratamento, aliviar um sintoma ou promover a saúde.

O método é simples: reserve um espaço e um momento para recolhimento, em que você não será incomodado. Escolha uma música instrumental de relaxamento e sente-se da forma que se sentir mais confortável.

Por meio da respiração lenta e profunda, realizada duas ou três vezes, você tentará relaxar, buscando descontrair os músculos do corpo.

Comece por perceber o conforto do seu corpo, se ele demonstra alguma contração específica ou outro desconforto, e o que você precisa fazer por ele agora.

Faça o que for necessário. Atender ao corpo, carinhosamente, é atender a si mesmo com amor.

Após relaxar, você poderá levar a sua mente e a sua consciência para o órgão enfermo ou para a área do corpo na qual você percebe o sintoma que deseja trabalhar.

Se o objetivo é o diálogo com o sintoma, você pode perguntar algo que deseje, tal como: "há alguma emoção associada a esse sintoma?", ou "há alguma experiência vinculada a essa doença?". Frequentemente, vem à memória uma cena ou um sentimento vivido. Por vezes, formam-se na mente imagens simbólicas que geram *insights*, sinalizações interiores esclarecedoras ou estimulantes de novas visões.

Alguns pacientes têm percepções muito nítidas de um conflito ou de um sentimento vivido, congelado na forma de mágoa, precisando ser metabolizado. Outros percebem o que precisam fazer por si mesmos, pela sua criança interior, por exemplo, perdoar-se ou exercer o autocuidado compassivo.

No diálogo com as células, a mente pode direcionar a elas frases que sintetizem um movimento desejado, ou mantras que representem o objetivo de saúde física e emocional almejado.

Quando associamos uma técnica à outra, a percepção de imagens ou de conteúdos no diálogo com o sintoma pode ser seguida, imediatamente, de frases de solução ou de movimento direcionadas às células, que potencializem aquilo que foi percebido, como o perdão, a liberação de uma emoção ou de uma relação afetiva, a compaixão ou o acolhimento de si e do outro etc.

Algumas pessoas não estão habituadas a fazer meditações e têm dificuldade de se concentrar. Quando assim é, a repetição do processo vai, aos poucos, ficando mais natural, podendo trazer mais oportunidades.

Há também pessoas que ficam mais ansiosas ao se concentrar, como se sentissem um medo inconsciente do conteúdo que possa vir a aflorar. Nesse caso, não se deve insistir na técnica sozinho; ela poderá ser mais útil quando facilitada por um terapeuta ou por um ajudante qualificado.

Para a maioria das pessoas, a meditação pode ser um caminho de expansão da consciência, assim como de ajuda efetiva no autocuidado curativo e na amorosidade consigo mesmo.

A MENTE TEM UM PAPEL ENORME E DECISIVO NO COMANDO CELULAR.

AS MEDITAÇÕES E AS MENTALIZAÇÕES CRIATIVAS SÃO PODEROSAS FERRAMENTAS PARA INTEGRAR CORPO E MENTE, PRODUZINDO CALMA E INDUZINDO REEQUILÍBRIOS ORGÂNICOS.

O DIÁLOGO COM AS CÉLULAS PODE PERMITIR UM DIRECIONAMENTO CONSCIENTE E INTENCIONAL DA EPIGENÉTICA NA DIREÇÃO DESEJADA, DE FORMA A POTENCIALIZAR UM TRATAMENTO, ALIVIAR UM SINTOMA OU PROMOVER A SAÚDE.

Capítulo 24

DO VIRTUAL AO REAL: NUTRINDO A ALMA COM O QUE VERDADEIRAMENTE IMPORTA

Só aquilo que somos realmente tem o poder de nos curar.
CARL GUSTAV JUNG

24

AS REDES SOCIAIS E A VIDA VIRTUAL ABRIRAM UMA OPORTUNIDADE de interação social jamais vista, favorecendo muitas interações e conexões construtivas. No entanto, também viraram palco para o narcisismo, para o vazio interior, para os vícios e para uma série de práticas não saudáveis que alimentam as dores interiores e criam novas e falsas necessidades.

Vivemos em uma sociedade de aparências, na qual parecer ter e ser ganham espaço e importância no vazio do teatro e das redes sociais. O valor pessoal passou a ser medido pela frágil métrica dos *likes* e do número de seguidores, gerando muito sofrimento desnecessário.

A "vida *fake*" (falsa) das redes sociais nutre uma versão idealizada, editada e superficial da realidade, promovendo ansiedade, depressão, isolamento social, angústia e autorrejeição.

Quem não se cura das feridas emocionais, torna-se dependente da aprovação externa e se referencia na vida alheia; ou, pior, na falsa imagem da vida alheia, afinal, tudo o que é postado é estudado e intencionado para impressionar, agradar e gerar interação de desejo e consumo.

Ter saúde mental e emocional requer estar em sintonia consigo mesmo, referenciado em ser aquilo que é a verdade do coração. E isso exige se proteger da sociedade da ilusão e do consumo, escolhendo aquilo que nutre o interior com o verdadeiro senso de valor e pertencimento.

Nosso valor não é dado pelo outro, mas pelo brilho do nosso próprio olhar em nossa direção, no reconhecimento de nossas raízes e na validação da individualidade, da beleza e dos talentos únicos que nos pertencem.

Nosso grande desafio na vida não é ser e viver as conquistas e versões alheias, mas, sim, estarmos inteiros no presente, trabalhando para ser hoje a versão mais íntegra que pudermos enquanto vivemos, sonhamos, construímos e conquistamos aquilo que faz sentido para nós.

Toda conquista requer esforço, persistência e tempo.

A "moda" nas redes sociais atualmente são os discursos de riqueza fácil e imediata por meio de cursos, mentorias e empreendimentos; isso cria um falso e inalcançável ideal de felicidade.

Observando as redes sociais atualmente, lembro-me da importante assertiva de Jesus:

> Entrai pela porta estreita, pois larga é a porta e amplo o caminho que leva à perdição, e são muitos os que entram por ela.
>
> Como é estreita a porta, e apertado o caminho que leva à vida! São poucos os que a encontram. (*Mateus*, 7: 13–14)

A porta larga é a porta dos ganhos sem esforço, das conquistas sem plantio, dos frutos de trabalhos contrários aos seus valores interiores. É a porta do ganho imediato.

A porta estreita é a porta da fidelidade aos próprios valores, do respeito a si mesmo e ao outro, da verdade interior, da prática ética e da semeadura no campo sagrado da alma.

Escolher a porta estreita requer resistência às influências nefastas presentes nas redes sociais, definição de metas e objetivos a serem conquistados e uma seleção rigorosa de *influencers* que permitimos em nossas vidas.

Há uma regra de ouro nesse quesito: inspirar-se naqueles que estão onde você quer chegar, desde que tenham valores semelhantes e uma postura respeitosa que se exprime em suas falas e em sua vida.

A cura interior passa necessariamente por definir para si o próprio ideal de satisfação e de felicidade.

Afinal, felicidade não é destino, é postura durante o percurso.

Cura interior é ser livre para criar seu próprio percurso de crescimento e definir a maneira mais confortável de percorrê-lo, consoante os sonhos do seu coração.

A "VIDA FAKE" (FALSA) DAS REDES SOCIAIS NUTRE UMA VERSÃO IDEALIZADA, EDITADA E SUPERFICIAL DA REALIDADE, PROMOVENDO ANSIEDADE, DEPRESSÃO, ISOLAMENTO SOCIAL, ANGÚSTIA E AUTORREJEIÇÃO.

TER SAÚDE MENTAL E EMOCIONAL REQUER ESTAR EM SINTONIA CONSIGO MESMO, REFERENCIADO EM SER AQUILO QUE É A VERDADE DO CORAÇÃO. E ISSO EXIGE SE PROTEGER DA SOCIEDADE DA ILUSÃO E DO CONSUMO, ESCOLHENDO AQUILO QUE NUTRE O INTERIOR COM O VERDADEIRO SENSO DE VALOR E PERTENCIMENTO.

Capítulo 25

REFUGIADOS DE GUERRA: COMO SUPERAR DORES ACERBAS?

Perdi tudo, perdi minha família, perdi meus amigos, perdi minha casa... mas eu estava com Deus.
MAICK MUTEJ

DESDE 2014, TRABALHO COMO VOLUNTÁRIO DA ORGANIZAÇÃO humanitária Fraternidade Sem Fronteiras,[7] da qual sou hoje diretor de relações públicas, caravanas de voluntariados e núcleos internacionais.

Essa organização tem como objetivo a vivência da fraternidade legítima entre pessoas, povos e comunidades.

Um dos seus polos de trabalho é a Nação Ubuntu, no Malawi, junto ao campo de refugiados de guerra de Dzaleka, coordenado pelo Alto Comissariado das Nações Unidas para Refugiados (ACNUR). Esse campo acolhe hoje mais de cinquenta e seis mil pessoas de diversas nacionalidades, mas, sobretudo, vindas da República Democrática do Congo (RDC), país no qual está em curso um genocídio há décadas devido a disputas por suas riquezas minerais.

A situação do refugiado é muito desafiadora, pois ele perde a nacionalidade do país de origem e não recebe a do país acolhedor, que não lhe dá o direito de circular ou trabalhar. Fica seguro, porém, preso ao campo até que uma oportunidade de ser acolhido em um programa de acolhimento a refugiados em algum outro país apareça.

A Nação Ubuntu, polo da Fraternidade Sem Fronteiras, tem uma escola para mais de novecentas crianças em que é aplicada a metodologia montessoriana aliada à cultura africana. Ali também acontecem oficinas profissionalizantes como costura, sabão, marcenaria, carvão vegetal, desenho, artes e pintura, além de coral, esportes e atividades de fortalecimento das culturas,

---

7. Conheça o trabalho da organização humanitária Fraternidade Sem Fronteiras e apadrinhe um dos projetos em: www.fraternidadesemfronteiras.org.br. (Acesso em: 28 jan. 2025.)

religiosidades e espiritualidades africanas. O projeto também conta com um galinheiro e uma padaria. Em vários hectares de agrofloresta, mais de quinhentas mães de família (as chamadas mães do campo) trabalham e produzem alimentos para as crianças e os adultos da região. Trata-se de um verdadeiro oásis em meio a tantas dores físicas e emocionais enfrentadas pelos refugiados.

Ali tive a oportunidade de conhecer pessoas fenomenais, que me encantam e ensinam muitíssimo por sua resiliência e coragem.

O projeto que mais me toca é o das mães do campo, por serem mães de família com cinco, sete, nove filhos, dos quais cuidam sozinhas (os homens morreram ou as abandonaram, formando outras famílias, em uma sociedade poligâmica). Na impossibilidade de trabalhar fora do campo, tiveram que recorrer à prostituição para alimentar seus filhos.

Diariamente, elas batem à porta da Nação Ubuntu e pedem uma oportunidade de trabalho digno, pois o que fazem, apesar de ser bastante procurado no campo, submete-as a diversas formas de violência física e psicológica, além de deixá-las marcadas e desrespeitadas na sociedade.

É muito tocante visitar a casa dessas mães – um ou dois cômodos de barro sem móveis, nos quais todos dormem em esteiras no chão – e ouvi-las narrar os traumas da guerra em seus países de origem, a fuga e a realidade no campo. Não há quem não se sensibilize até as lágrimas pela imensa luta que enfrentam. Apesar disso, elas permanecem lutando em prol de suas famílias, com coragem.

Para elas, a Nação Ubuntu criou o trabalho na agrofloresta, e é muito emocionante ver a alegria e o entusiasmo com que abraçam o trabalho e a nova oportunidade.

Diante de tantos dramas, podemos pensar: como sobrevivem a dores tão acerbas?

UM MOTIVO PARA VIVER

O neuropsiquiatra austríaco Viktor Frankl foi um sobrevivente do holocausto judeu que experimentou os horrores do campo de concentração e se notabilizou pelo livro *Em busca do sentido*, no qual ele relata que só é possível suportar dores acerbas e circunstâncias extremas quando se tem um "por quê" ou um "por quem" lutar; um propósito, um sentido de vida. No campo de concentração em que ele foi prisioneiro, cada um tinha um propósito diferente: família, trabalho, filhos, sonhos profissionais, metas a conquistar.

Aqueles que tinham um objetivo pelo qual lutar, dizia Frankl, esculpiam borboletas na madeira das camas ou nas paredes, representando o símbolo da transformação e da esperança.

No campo de refugiados, percebemos o mesmo: são os sonhos e a imensa vontade de viver que mantêm vivos aqueles que estão ali.

Naturalmente, podemos notar em todos eles as marcas físicas e emocionais do trauma – os congelamentos, as reatividades, a dor somatizada –, e isso é muito tocante.

Certo dia, em uma caravana da saúde com enfermeiros e médicos de diferentes especialidades – dentistas, fisioterapeutas e psicólogos –, atendemos crianças e adultos em barracas erguidas pela ACNUR dentro do campo de refugiados.

Chamei uma mãe com uma criança, para atender a ambas. Notei que a mãe parecia ser portadora de algum atraso de desenvolvimento leve, e que se comunicava com dificuldade. A filha, por sua vez, tinha um corte profundo e recente no rosto.

Perguntei à mãe como ela havia se machucado, e a mãe respondeu, na língua local, que ela havia caído. Pedi ao tradutor, também refugiado, que pedisse mais detalhes, e que ela contasse com honestidade o que havia acontecido, pois percebi que o corte parecia ter sido feito com um objeto perfurocortante e que a mãe apresentava certo nervosismo ao responder.

Ela, então, narrou que o pai da criança era alcoólatra e havia ferido a menina com uma faca, embriagado, logo após agredir a mãe, o que acontecia frequentemente.

Procedemos à sutura do corte e ao atendimento clínico das duas e, enquanto isso, pedi ao chefe de segurança, homem extremamente respeitado no campo, que fosse até a casa delas e buscasse o pai para falarmos com ele.

O pai veio, e o chefe de segurança nos informou que já o conhecia e que ele estava sempre embriagado.

As psicólogas presentes na caravana fizeram o acolhimento daquele homem que, naquele momento, estava sóbrio. Ele relatou, com muita vergonha, que bebia para esquecer os horrores da guerra em seu país de origem e as imagens traumáticas do pai e dos irmãos sendo assassinados na sua frente.

Todos ficaram muito comovidos com o relato, pois sabemos da veracidade desses episódios e da crueldade que os refugiados frequentemente experimentam ou testemunham em seus países de origem.

Aquele homem não podia suportar, sem amparo e sem uma rede de apoio, o sofrimento interior, e terminava por buscar no álcool uma fuga, tornando-se, por sua vez, um abusador e violentador que repetia a sua própria história gerando novos traumas na esposa, na filha e naqueles que amava, em um ciclo de repetição da dor.

Após longo atendimento, ele foi convidado a trabalhar na organização humanitária, assim como sua mulher, e o chefe de segurança se prontificou a acompanhar a família de perto. Ele acordou não só não beber, mas se engajar em um plano de cuidados que pudesse ofertar-lhe o acolhimento de que precisava e merecia, assim como a sua família.

Ele se engajou nesse projeto e aproveitou a oportunidade. Hoje, seguem bem, sem álcool e sem violência, porque tiveram amparo. O seu "por quê viver" se converteu em família e autocuidado para o início de uma nova história, mesmo com todas as limitações.

JOJO

Também na Nação Ubuntu, conheci o notável jovem Jojo, vindo do Congo com seus sete irmãos, todos órfãos.

Jojo nos contou que sua casa em uma pequena vila no meio da floresta foi atacada por familiares do pai, que desejavam tomar-lhe a propriedade devido às riquezas minerais na região. Ele resistiu e acabou assassinado na frente dos filhos de forma cruel.

Todos fugiram, mas os familiares foram atrás deles e descobriram que estavam em um orfanato, no qual atearam fogo, obrigando-os a novamente fugir para o meio da floresta.

Durante a fuga, a mãe de Jojo pisou em um pedaço de madeira que atravessou seu pé, impossibilitando-a de caminhar. Ela então o orientou, por ser o filho mais velho, a ir até um local próximo para buscar auxílio e comida junto com seus irmãos devido ao risco de permanecerem à noite na floresta. Ele tentou resistir, mas ela insistiu e eles foram.

No dia seguinte, ao retornarem, não mais a encontraram: ela havia sido assassinada pelos perseguidores, que jogaram seu corpo no rio.

Abatido, ele e os irmãos vagaram pelas florestas por dois meses, passando por muitas dificuldades. Chegaram até o Burundi, um país vizinho, no qual ficaram em um orfanato. Esse local foi também invadido e muitos foram mortos, e eles tiveram que fugir para a Tanzânia, um outro país, no qual foram presos, pois ali refugiados e pessoas sem visto não são aceitos.

Presos, ele e os irmãos eram agredidos todos os dias pela manhã e à noite, com a ameaça de serem enviados de volta ao Congo. Foram libertados com a ajuda de uma policial que deixou a chave da cela em um local acessível propositalmente, e que os orientou a caminharem até o Malawi. Depois de alguns meses e muitas dificuldades, até mesmo tendo que passar por um rio cheio de crocodilos, chegaram a um refúgio seguro.

Quando o conhecemos, Jojo vivia no campo com seus irmãos, sendo para eles uma referência muito positiva de líder e figura paternal. Com o tempo, Jojo se tornou um digno líder do trabalho com as mães do campo, extremamente competente, amoroso e amado por todos.

Para ele, a motivação para prosseguir eram seus irmãos e a necessidade de ser para eles uma fonte de cuidado e proteção. Com o tempo e tendo seus objetivos alcançados, pois os irmãos cresceram, Jojo percebeu que havia lugar para ele próprio e para os seus sonhos na vida. Resgatou, então, a esperança.

Ele recebeu uma oportunidade de estudo fora do Malawi e está recomeçando a vida de forma digna e feliz. Os irmãos continuam no Malawi, todos envolvidos nas atividades da Fraternidade Sem Fronteiras.

Com Jojo e outros tantos refugiados, aprendemos que a resiliência é feita de muitas insistências corajosas e determinadas na direção da sobrevivência e da esperança em dias melhores.

Apesar de o campo de refugiados em Dzaleka abrigar mais de cinquenta e seis mil pessoas, a maioria com histórias pessoais traumáticas ou de familiares próximos, percebemos que a vontade de viver, a garra de lutar, a esperança em dias melhores não os deixa desistir.

Embora tenhamos notado, a partir de uma pesquisa durante a caravana da saúde, um índice de pensamentos de morte ou ideação suicida de cerca de 40% no transcurso de depressões variadas, não se ouve falar em suicídio no campo. A insistência pela vida é uma tenacidade e um valor dos povos africanos, e a vida é considerada um bem de alta hierarquia, a ser preservada mesmo na maior dificuldade.

Eles prosseguem lutando e vencendo dores acerbas na esperança de um futuro melhor. Temos muito a aprender com a grandeza desse povo e muito a fazer no nosso sonho de fraternidade.

NO CAMPO DE REFUGIADOS, PERCEBEMOS: SÃO OS SONHOS E A IMENSA VONTADE DE VIVER QUE MANTÊM VIVOS AQUELES QUE ESTÃO ALI.

Capítulo 26
O CAMINHO ESPIRITUAL DE DESENVOLVIMENTO PESSOAL

Sem a espiritualidade, a vida se torna sem propósito. Com ela, toda dor se transforma em um portal para a cura.
DEEPAK CHOPRA

A ESPIRITUALIDADE É A BUSCA ÍNTIMA POR CONEXÃO COM O sagrado que há em nós e em tudo na vida.

Ela difere da religiosidade, pois esta pode ser um caminho de espiritualidade, cheio de sentido e significado, como também pode ser uma fonte de ritos, formatações, preconceitos e limitações na conexão sadia e espontânea com o divino e o sagrado.

A espiritualidade é um caminho de desenvolvimento pessoal extremamente importante. Nesse caminho, cada um de nós busca preencher a intimidade com senso de dignidade, amor e aceitação de si mesmo e da vida, dando sequência ao que aprendemos com nossos pais e, muitas vezes, nutrindo a alma exatamente com aquilo que nos faltou.

Em termos terapêuticos, não importa qual seja a religião ou a crença específica de cada um, desde que as suas crenças e práticas se sustentem em uma cultura de amorosidade, respeito e alteridade.

O cultivo da espiritualidade está conectado a estilos de vida mais saudáveis e permite que cada um encontre medicação para as dores profunda da sua alma.

VÍNCULOS E EXPERIÊNCIAS DE AMOR

Aqueles que trazem feridas de abandono necessitam construir um vínculo comunitário e espiritual no qual se sintam vistos, e que lhes oferte acolhimento, cuidado e senso de pertencimento.

Quem traz feridas de traição precisa aprender a confiar e a se entregar a um amor maior que seja sentido como presença e guiança interior.

Aqueles que foram humilhados necessitam se conectar a espaços e práticas nos quais se sintam respeitados e dignificados em sua imperfeição, podendo ser quem são.

Quem traz marcas de injustiça se beneficia de práticas que desenvolvem a flexibilidade e que trazem senso de valor com respeito à unicidade de cada qual, o que é sentido como justiça.

Aqueles que trazem a marca da rejeição se beneficiam enormemente de uma conexão espiritual de amor incondicional, sem julgamentos ou condições, bem como de comunidades nas quais se sintam aceitos e pertencentes.

Os que foram violentados e trazem as marcas do abuso necessitam se sentir cuidados e dignificados na relação com o divino, percebendo novamente o seu corpo e a sua vida como sagrados.

Vivenciei algo lindo nesse sentido em uma oficina terapêutica, da qual participei, para mulheres africanas que sofreram violência sexual na infância e na vida adulta. Elas são acolhidas no projeto Nação Ubuntu, da organização humanitária Fraternidade Sem Fronteiras, no Malawi.

Nessa oficina, após vários relatos, fizemos um círculo, e propus às mulheres uma visualização criativa de limpeza das memórias acumuladas no corpo. Pedi a elas, em determinado momento, que levassem a mão à parte do corpo que sentiam que trazia uma forte marca e dissessem: "O meu corpo é um templo sagrado". Elas repetiram essa frase algumas vezes com forte impacto emocional liberador. Ficamos muito surpresos, de forma positiva, com a sensação de alívio e dignidade que elas experimentaram.

Ali estávamos: em um círculo terapêutico e conectados por um profundo senso de espiritualidade, de sacralidade da experiência humana, formando um círculo espiritual curativo.

Quando as comunidades e as práticas espirituais propiciam acolhimento, cuidado e afeto em ambientes ausentes de julgamento e crítica, as pessoas podem experimentar expansão consciencial, desabrochar virtudes, cultivar afetos e conexões cheias de sentido e significado profundo.

MEDITAÇÃO E ORAÇÃO

A meditação e a oração são recursos excelentes de espiritualidade.

A meditação permite um mergulho interior calmante e pacificador, que favorece o estado de presença e a harmonização orgânica e emocional.

A oração, quando sentida e vinda do mais profundo de si, permite a conexão com uma dimensão espiritual superior, haurindo recursos de fortalecimento, inspiração, cuidado e expansão das potencialidades interiores.

Como praticante da oração há longos anos, testemunho o poder curativo que ela tem. Não sei o que seria de mim se não utilizasse com frequência esse recurso tão poderoso.

Muitas vezes, encontrei soluções para conflitos ou problemas inquietantes durante a oração, como se a abertura daquele canal permitisse ao Pai – e àqueles que servem ao amor – sugerir-me ou trazer-me aquilo de que precisava naquele momento.

AUTOCONHECIMENTO E *BYPASS* ESPIRITUAL

Espiritualidade e autoconhecimento andam de mãos dadas, somam-se e potencializam-se. São faces de uma mesma jornada: de busca por viver de forma plena e alinhada com a essência e com o propósito.

Enquanto a espiritualidade expande a nossa visão para além de nós mesmos, o autoconhecimento nos ajuda a olhar para dentro e a encontrar equilíbrio entre o ser individual e o universal. Juntos, proporcionam paz, autenticidade e um sentido mais profundo de vida.

Quando não há mergulho interior, a espiritualidade se resume a uma experiência superficial, pois ela não se limita à fé como confiança, mas como profunda identificação e uma nutrição do sagrado em nós, que exige o reconhecimento da luz e da sombra que nos habita. Sem isso não há aprofundamento da experiência mística ou transcendente.

Jung afirmava que "qualquer árvore que queira tocar os céus precisa ter raízes tão profundas a ponto de tocar os infernos".[8]

Espiritualidade se constrói com verdade pessoal.

O caminho de desenvolvimento espiritual que promove conexão com a autenticidade profunda permite uma base segura para a transformação pessoal, para a construção de sentido e significado diante das experiências felizes ou dolorosas, para o estabelecimento de limites e até mesmo para a compreensão das mensagens espirituais que nos chegam a todo instante por diversos canais.

O mergulho interior não realizado na vivência da espiritualidade e da religiosidade pode ser um sinal de que há defesas do ego para não se encarar, não reconhecer e não enfrentar as dores mais profundas.

---

8. Jung, 1971, p. 151.

O *bypass* espiritual – ou desvio espiritual – é um conceito desenvolvido pelo psicoterapeuta John Welwood na década de 1980.

Ele descreve o uso de práticas e crenças espirituais como forma de evitar o enfrentamento de questões psicológicas, emocionais e traumáticas não resolvidas.

Em vez de integrar a espiritualidade com o trabalho necessário para lidar com a dor emocional, traumas e aspectos sombrios da psique, a pessoa recorre a práticas espirituais como fuga ou negação. Isso cria uma falsa sensação de evolução ou de paz interior, sem abordar os problemas subjacentes.

Quando isso acontece, a relação com o sagrado se manifesta como um caminho de servidão e exigências, em que se demanda de Deus, do alto ou da vida que se encarregue de resolver as questões que compete a cada um solucionar, tal como o controle do próprio caráter ou do estilo de vida, ou das decisões de perdão, autoamor e reconciliação.

Esse comportamento é infantil, pois projeta no exterior a responsabilidade, impedindo que a pessoa, consciente de si, tome decisões de reestruturação interior.

O cuidado a se tomar, nessa questão, é não buscar fora tudo o que se precisa.

Quem se sente abandonado ou rejeitado se beneficiará, como dito anteriormente, da sensação de acolhimento e de cuidado que as crenças e práticas proporcionam, porém, não estará isento de acolher-se e cuidar-se amorosamente, como efeito da identificação com o que recebe.

Quem se sente injustiçado ou violentado, igualmente está convidado a se amar com justiça e amorosidade, além de esperar com fé na justiça divina ou no amor incondicional de Deus, por exemplo.

O *bypass* espiritual também acontece quando as pessoas trabalham compulsivamente em atividades espirituais ou voluntárias, fugindo de si mesmas e, às vezes, renunciando à vida material e ao convívio com a família e com a sociedade, sem que isso represente um caminho de abnegação e devoção conscientes.

Igualmente há desvio espiritual quando crenças espirituais sustentam comportamentos limitantes e negativos, colocando-se contrárias à ciência e seus recursos, tais como medicações e tratamentos médicos, levando as pessoas a viverem uma espiritualidade desconectada do dia a dia.

A espiritualidade profunda é enraizada na verdade pessoal, expandindo-a, e integrada à vida material, transcendendo-a, de forma que se converte em recurso de resiliência, expansão consciencial e cura interior.

ESPIRITUALIDADE E RECONCILIAÇÃO

A espiritualidade nos conecta com algo maior, transcendente, favorecendo uma abertura para relativizar nossos conflitos pessoais e experenciar a grandeza do perdão e da reconciliação conosco, com a família e também com Deus.

Muitas pessoas "brigam" com Deus e transferem a Ele as mágoas e os ressentimentos por terem passado por dores, lutas e experenciado as dores infantis.

Quando a reconciliação com o amor maior acontece, a vida se abre em uma fonte imensa de bençãos, porque a sintonia interior permite perceber e captar a abundância de amor presente e disponível no universo.

A espiritualidade é também um poderoso caminho de reconciliação com o passado, permitindo-nos abrir espaços de amor no coração para aqueles que fazem parte de nossa história e de nossa trajetória.

O perdão permite a liberação interior e o desenvolvimento da compaixão – adubo interno sem o qual nossa humanidade não floresce.

A espiritualidade nos propicia coragem e força em tempos de adversidade, como uma bússola a guiar um barco na tempestade, permitindo recursos de fortaleza e resiliência. Ela também nos auxilia a reduzir o ego e a autossuficiência, conectando-nos à fé e à confiança na vida, com humildade.

A fé é medicação para a alma, como cantou o poeta Rabindranath Tagore: "A fé é o pássaro que sente a luz e canta enquanto a madrugada ainda está escura".[9]

Percebemos que somos parte de um todo muito maior, e humanos e imperfeitos como toda pessoa, e dignos de amor, como todo filho de Deus.

Embora a espiritualidade beneficie significativamente a cura interior, ela pode ser ainda mais eficaz quando combinada com outras abordagens, como a terapia psicológica, o autocuidado e o apoio médico, se necessário. Ela não substitui tratamentos convencionais, mas pode ser um recurso valioso para fortalecer a mente, o coração e o espírito.

A cura interior, como já dito, é um processo profundo e pessoal, e a espiritualidade oferece caminhos para transformar dor em aprendizado, medo em confiança e caos em equilíbrio.

---

9. Tagore, 1994.

Capítulo 27

O CURADOR FERIDO: TRANSFORMANDO DOR EM SERVIR

É sua própria dor que dá uma medida de seu poder de curar.
CARL GUSTAV JUNG

UM DOS EFEITOS DO PROCESSO DE CURA INTERIOR É A transformação da dor em servir, colocando a serviço da vida as potencialidades que desenvolvemos para sobreviver às nossas feridas e encontrar nosso lugar no mundo.

Muitas pessoas manifestam uma vocação e buscam sua profissão movidos pela procura inconsciente de alívio das dores interiores, como no caso de médicos, psicólogos, curadores de várias áreas da saúde, advogados, juízes etc. O arquétipo do curador ferido é bastante presente e atuante nesses profissionais. Ele representa uma força e uma busca interior por movimento na direção da individuação – o tornar-se – que nos mostra o caminho do servir como um caminho de elaboração e de autossuperação.

Uma pesquisa integrante da tese de mestrado da psicoterapeuta Alisson Barr, da Universidade de Strathclyde, demonstrou que 73,9% dos aconselhadores e psicoterapeutas experienciaram uma ou mais feridas emocionais ligadas às suas escolhas profissionais.[10]

MITOLOGIA

Na mitologia grega, encontramos a figura de Quíron, um centauro (metade homem, metade cavalo) que foi ferido acidentalmente na perna por uma flecha atirada pelo herói Hércules, que fora seu discípulo. Ele se notabilizou por seu caráter, inteligência, civilidade e bondade, tanto quanto por seu conhecimento e sua habilidade com a medicina. Ele foi posteriormente

---

[10]. Disponível em: https://thegreenrooms.net/wounded-healer-research-for-counsellors-and-psychotherapists/. Acesso em: 28 jan. 2025.

sacrificado, perdendo a sua imortalidade na troca por Prometeu, transformando-se na constelação de Sagitário.

Quíron foi professor de vários heróis gregos. Dentre eles, Esculápio ou Asclépio, considerado o pai da medicina, que, assim como Quíron, tinha na alma uma dor importante.

Esculápio era filho de Apolo e Corônis. Quando seu pai descobriu que sua mãe o traíra com um jovem de nome Ischys, acertou-a no peito com uma flecha, matando-a. Apolo, arrependido, retirou o filho do ventre da mãe e o levou para Quíron (a quem também adotara) para que fosse criado. Esculápio, portanto, carregava na alma a dor da perda trágica de sua mãe pelas mãos raivosas do seu pai, cheio de ciúmes e possessividade. Mais tarde ele se tornou o curador que devolvia a vida a muitos que estavam à beira da morte.

Assim como Quíron e Esculápio, todos trazemos feridas evidentes ou ocultas, mobilizando as forças da alma na direção da cura. O caminho para atingir esse nobre objetivo é o servir.

Jung afirmou que:

> [...] a roda agigantada da vida contribuirá para que giremos em torno do mesmo eixo, entre descidas e subidas, quantas vezes forem necessárias, até que as feridas das lembranças dolorosas estejam cicatrizadas. É na cicatriz que reside o último vestígio deixado por uma chaga curada. Afinal, só aquilo que somos realmente tem o poder de curar-nos. (Jung, 1971, p. 57)

O servir é um caminho de encontro com quem verdadeiramente somos, bem como um espaço de ressignificação emocional importante.

Ao entrarmos em conexão com outras dores humanas, de natureza semelhante, experenciamos a oportunidade do desenvolvimento e a prática da compaixão, medicação essencial para as dores da alma.

A compaixão nos conecta, possibilita a empatia, mobiliza recursos de auxílio e consolo aos corações que sofrem e que passam por desafios existenciais.

Ao distribuir alívio e esperança, colhemos força e coragem para seguirmos nossos próprios percursos curativos.

O contato com a dor humana nos permite ressignificar nossa própria dor, bem como aprender com a grandeza do outro recursos de resiliência e fortaleza.

É muito útil, pois, sair de si mesmo para servir a vida com aquilo que se é.

Aguardar até estar plenamente curado para abraçar o servir é adiar a própria cura. Servimos feridos e nos curamos servindo.

Lembro-me das mães que buscavam o médium Francisco Cândido Xavier, o Chico Xavier, após a perda de um filho e que recebiam, pelas mãos dele, mensagens de seus amados, que sempre lhes pediam: "busquem amar agora os órfãos da vida, os filhos sem mães, e distribua a eles o seu amor, em meu nome. Nós os amaremos juntos e permaneceremos conectados no amor".

O mesmo acontecia com os filhos que perdiam suas mães e recebiam, por meio do mensageiro da espiritualidade, mensagens de conforto e esperança de suas mães, que lhes pediam: "ame agora as mães abandonadas do mundo, as que estão em asilos sem famílias ou as que perderam seus filhos, e nós estaremos juntos nesse caminho de compaixão e paz".

FAZENDO A PÉROLA

As pérolas que nos encantam por sua beleza e valor são originalmente grãos de areia que incomodam a ostra e, esta, incapaz de as expulsar de si, envolve-as em várias camadas de nácar, formando as pérolas.

Quando conseguimos ultrapassar o incômodo das dores e transformar os traumas e dores infantis em crescimento e força, também ofertamos ao mundo as nossas pérolas de amor. E isso é um precioso serviço à vida.

Existem pessoas no Oriente Médio que se dedicam à profissão de caçador de pérolas. Mergulham em águas profundas e colhem as ostras para encontrar as pérolas.

Quando entramos no mais profundo de nossas experiências humanas e imperfeitas, colhemos pérolas de sabedoria, de maturidade, de conhecimento, de habilidades, de experiências que ofertamos ao mundo como testemunho de generosidade e humanidade.

Precisamos ser caçadores de pérolas na alma e servidores no mundo.

Encontramos nas artes, nas ciências, na música e na espiritualidade vários exemplos de pessoas que deram testemunho do servir, transformando seus sofrimentos em poesia e em convites de renovação pessoal e coletiva.

Viktor Frankl (1905–1997), neuropsiquiatra austríaco, já citado neste livro, autor de *Em busca de sentido*, transformou sua experiência de sofrimento nos campos de concentração nazistas em um estudo sobre a resiliência humana e a busca por propósito, fundando a logoterapia.

Maya Angelou (1928–2014), norte-americana, autora do livro *Eu sei por que o pássaro canta na gaiola*, relatou suas experiências de abuso, racismo e superação, tornando-se uma voz poderosa pelos direitos civis e pela dignidade humana.

Ludwig van Beethoven (1770–1827) superou a perda gradual da audição e, mesmo afetado pela surdez, compôs algumas de suas obras mais sublimes, como a *Nona sinfonia*, que celebra a alegria e a fraternidade universal.

Frida Kahlo (1907–1954), pintora mexicana, pintou quadros que refletem as dores físicas e emocionais que sofreu ao longo da vida, transformando a sua experiência de sofrimento em arte visceral e icônica.

Vincent van Gogh (1853–1890), pintor holandês, enfrentou sérios problemas de saúde mental, mas criou obras que capturaram beleza, emoção e intensidade, como *Noite estrelada*.

Thích Nhat Hanh (1926–2022), líder espiritual vietnamita, transformou o sofrimento da guerra do Vietnã em um movimento global de mindfulness e paz interior, inspirando milhões de pessoas com sua abordagem compassiva da vida.

Dalai Lama (1935–) dedica sua vida à promoção da paz, da compaixão e do entendimento entre os povos, apesar do exílio de sua terra natal, o Tibete.

Carl Gustav Jung (1875–1961), psiquiatra suíço, uma de minhas grandes referências e também já citado várias vezes nesta obra, contava que, a partir de sua crise pessoal e de questionamentos existenciais, desenvolveu a psicologia analítica, ajudando outros a integrarem seus "eus sombrios" e encontrarem plenitude.

Alice Miller (1923–2010), polonesa, escreveu sobre traumas de infância em obras como *O drama da criança bem dotada*, ajudando outros a compreenderem os impactos do abuso emocional.

Malala Yousafzai (1997–), paquistanesa, sobreviveu a um atentado ao lutar pela educação de meninas no Paquistão e transformou sua dor em uma campanha global pelos direitos educacionais.

Nelson Mandela (1918–2013), líder sul-africano, ficou vinte e sete anos na prisão e saiu dela sem rancor, liderando a África do Sul rumo à reconciliação e à democracia.

Oprah Winfrey (1954–), apresentadora norte-americana, superou uma infância marcada por abusos e pobreza e se tornou uma das maiores comunicadoras do mundo, promovendo crescimento pessoal e inspiração para milhões de pessoas.

Zilda Arns (1934–2010), médica humanista brasileira, vivenciou perdas pessoais e passou a dedicar sua vida à criação e à expansão da Pastoral da Criança, ajudando milhões de crianças e famílias em situação de vulnerabilidade.

*

Diante desses exemplos, as perguntas que me faço e que partilho com você são: qual serviço à vida a(s) minha(s) dor(es) proporciona(m)? O que sou tem sido adubo ou veneno no meu próprio terreno e no território alheio?

VIÇO DO SER

O serviço é o caminho para o viço do ser. O caminho no qual viceja a verdade interior e o caminho que desperta a alegria de viver.

O servir libera o fluxo da vida, e o que flui, renova.

O que permanece acumulado, sem partilha, fica sem propósito existencial.

Uma bela imagem disso é o mar da Galileia em comparação com o Mar Morto, em Israel. Ambos são lagos – e não mares – que recebem as águas do degelo das colinas de Golam e do rio Jordão.

A diferença entre eles é que o que o mar da Galileia recebe e flui adiante, servindo a vida e pleno.

Quando o rio Jordão chega ao Mar Morto, ali permanece, gerando concentração e estagnação na qual a vida não se realiza nem prospera.

Gandhi dizia que "o melhor caminho para se encontrar é se perder servindo aos outros". Isso porque, ao servir a vida com o que somos, geramos consciência do todo, liberamo-nos das ilusões a nosso próprio respeito, expandimos as fronteiras afetivas, ressignificamos experiências, descortinamos visões mais amplas da existência e nos permitimos ser terra fértil na qual o novo pode germinar e florescer.

E isso é a cura interior.

O SERVIR É UM CAMINHO DE ENCONTRO COM QUEM VERDADEIRAMENTE SOMOS, BEM COMO UM ESPAÇO DE RESSIGNIFICAÇÃO EMOCIONAL IMPORTANTE.

AO ENTRARMOS EM CONEXÃO COM OUTRAS DORES HUMANAS, DE NATUREZA SEMELHANTE, EXPERENCIAMOS A OPORTUNIDADE DO DESENVOLVIMENTO E A PRÁTICA DA COMPAIXÃO, MEDICAÇÃO ESSENCIAL PARA AS DORES DA ALMA.

Capítulo 28

CONQUISTE E LIBERTE A SUA MELHOR VERSÃO

A cura não é sobre esquecer o passado, mas sim aprender a viver com ele de forma que ele não controle mais nossas ações.
GABOR MATÉ

VIVER É ATUALIZAR A TODO INSTANTE AS NOSSAS VERSÕES, aprimorando competências e possibilidades em sintonia com o presente.

Nossos aparelhos celulares, de tempos em tempos, requerem atualizações de sistema para que ativemos recursos mais amplos e melhorias que o desenvolvimento tecnológico permite.

Os aplicativos que utilizamos para acessar diferentes serviços e funções também necessitam ser atualizados para estarem com suas funcionalidades em sintonia com o sistema operacional vigente, em plena potência.

Além disso, a cada novo momento de vida, vamos fazendo a faxina eletrônica, deletando o que já não é mais útil, desinstalando aplicativos, liberando espaços e memórias para que novos conteúdos possam ter vez.

Assim também fazemos conosco.

A cada nova fase, precisamos permitir a atualização do sistema em sintonia com o progresso alcançado. Quem fica preso no sistema das versões mais antigas de si mesmo paralisa funções e desenvolvimentos que só as versões mais modernas podem possibilitar.

Crescer é desapegar e permitir ao novo ter lugar.

De igual maneira, precisamos atualizar nossos "aplicativos interiores" para acrescentar funcionalidades que anteriormente não estavam disponíveis ou não eram possíveis, tais como perdão, inclusão, reconciliação, ressignificação emocional, espiritualidade etc.

Toda nova fase de vida é tempo de pensar os ciclos do coração.

Os movimentos de libertação interior requerem não apenas que nos transformemos, readequando as formas que nos limitam. Para que a vida flua mais leve e abundante é essencial ter coragem para viver novos e autênticos papéis, desenvolver novos valores e crenças, aceitando que já não é possível continuarmos os mesmos.

Há o tempo de rastejar e o tempo de voar; entre eles, o tempo do casulo – ou do deserto – renovador.

Alongar os ciclos ou apegar-se às fases que já se encerraram traz novas dores e insatisfações interiores e impede a alegria das conquistas após o enfrentamento do desafio de aprender a bater as asas e a voar alto depois de já ter rastejado.

Ao finalizar esta obra, que nada mais é que o meu esforço para incentivar um caminho de paz e de cura interior, desejo a você muita coragem e ousadia para aceitar entrar no casulo e dele se libertar, no tempo certo.

A felicidade é feita de sintonia com o tempo presente e de atitudes coerentes com a verdade do coração.

Que o processo da cura interior lhe traga, a cada passo e a cada etapa, muitas oportunidades de ser quem você é. Que você descubra e revele as belezas da sua melhor versão, legando a si e aos que vierem depois de você caminhos mais leves e mais amplos de amor e de expansão.

Feliz tempo de autoencontro e renovação.

CRESCER É DESAPEGAR E PERMITIR AO NOVO UM LUGAR.

Anexo
MEDITAÇÕES/ VISUALIZAÇÕES CRIATIVAS CURATIVAS

AS MEDITAÇÕES NA FORMA DE VISUALIZAÇÕES CRIATIVAS SÃO ferramentas poderosas de imaginação e de construção da realidade desejada.

Compartilho aqui algumas delas que podem ser úteis no processo da cura interior. Elas fazem parte do meu "Per(curso) *on-line* de cuidado e acolhimento da criança interior", que você pode conhecer no meu *site* andreimoreira.com.

Você pode lê-las ou ouvi-las acessando as gravações que fiz por meio dos QR *Codes* a seguir.

Os textos das meditações que você vai ler agora são transcrições da gravação. Decidi não revisar o português nem mudar a estrutura, mantendo-as fiéis ao que está no áudio. Você pode colocar uma música relaxante de fundo e lê-las para si mesmo ou para outras pessoas, se desejar.

Você também pode encontrar outras meditações no meu *site*, que estão disponíveis em:

andreimoreira.com/visualizacoescriativas

MEDITAÇÃO 1

CUIDANDO DAS FERIDAS INTERIORES

bit.ly/MeditacaoAM1

Experimente estar em um lugar calmo e tranquilo.

Coloque o seu corpo da forma mais relaxada possível e permitir-se estar confortável. Feche seus olhos. Respire funda e lentamente.

E à medida que você inspira e que você expira, você relaxa.

E nesse estado, imagine que você está caminhando na rua da sua casa. Que está tudo deserto.

Você anda na rua sozinha e de repente, você encontra uma criança que se machucou. E você para imediatamente e dá atenção para aquela criança.

Você se aproxima dela. Você se abaixa ao nível dela e você percebe que ela olha para você com confiança, com alegria, de que, de repente, o socorro apareceu.

E você vê que aquela criança está machucada. E você diz para ela: "Eu vou cuidar disso". E você vê o que é preciso fazer.

De repente você quer pegar aquela criança no colo, ou de repente caminhar ao lado dela, levando-a para sua casa.

Você vai em busca de um lugar confortável para você e para ela. Você a coloca sentada, com conforto e você busca aquilo que é necessário para fazer um curativo na ferida daquela criança.

E você começa a cuidar com carinho daquela ferida.

Você percebe que tocar em alguns pontos daquele machucado para ela é muito doloroso e você faz isso com cuidado, com ternura para que não cause maior dor. Ela sorri para você ao ver o seu cuidado generoso.

E então, pouco a pouco, você vai limpando carinhosa e assertivamente aquela ferida até que ela esteja toda limpa.

E então, você vai pegar uma pomada para passar naquela ferida.

Você vai envolver uma gaze ou passar da
maneira que seja mais adequada.

E você percebe que ao fazer isso, aquela criança
sente alívio e ela sorri para você.

Você então, envolve aquela ferida numa faixa
e deixa aquela criança confortável.

Talvez ela sinta alguma dor e precise de um pouco de analgésico.

Talvez você queira presenteá-la com um pirulito, com
um doce, como a premiar a bravura dela de enfrentar
aquilo que é necessário para cuidar das suas feridas.

E ela sorrindo, de repente, sem que você perceba se joga nos
seus braços e te abraça com muita gratidão. Com gratidão
e com uma alegria espontânea que surge de dentro dela: a
alegria daqueles que confiam e se entregam. E você retribui.

Você sorri para ela e você se alegra com ela.

Você também se alegra com você mesma(o), de ter feito
o que era necessário para cuidar daquela criança e de
ter dado a ela o que ela precisava agora, com amor.

E ao se alegrar consigo mesmo, você também
pode dizer para aquela criança: "Nós vamos
fazer curativo todos os dias até fechar".

E vocês sorriem uma para a outra, um para o outro.

Respire fundo e retorne a consciência para o seu corpo,
abrindo seus olhos e percebendo em você o efeito em
cada parte do seu corpo. Desfrute dessa sensação.

MEDITAÇÃO 2

METAMORFOSE PESSOAL

bit.ly/MeditacaoAM2

Inspire e expire lenta e profundamente.

E ao expirar, você relaxa e vai entrando para dentro de você seguramente, protegidamente.

E nesse estado, você visualiza que a sua adulta interior caminha junto com a sua criança interior e que o seu adulto caminha junto com o seu pequeno.

E vocês vão para um jardim. E essa criança traz junto com ela uma semente, guardada, carinhosamente envolvida num papel.

E junto com ela, vocês escolhem o lugar adequado daquele jardim para plantar.

Então, vocês mexem na terra, afofam a terra, retiram pedregulhos e abrem uma cova aconchegante o suficiente para receber aquela semente.

E a sua criança interior gentilmente deposita aquela semente na cova e a cobre carinhosamente com terra, colocando um pouco de adubo ao seu redor.

E a sua versão adulta pega um regador e rega aquela semente.

E então você se senta junto com ela e observa. E ali vocês ficam muito tempo juntinhas.

Alguns dias se passam e você percebe que daquela semente surgiu um broto promissor. Vocês se alegram com a esperança que ele representa e juntas, você e a sua criança cuidam da terra ao redor e regam aquela esperança, aquele vir a ser.

E juntas, vocês se sentam a observar. E mais alguns dias passam, e esse broto virou uma planta bonita e forte. E uma lagarta gorda e lenta vagarosamente se moveu para o alto daquela planta, escolheu uma folha grande e se dependurou embaixo dela. E você observa isso.

Ela inicia a sua metamorfose. Mais uns dias se passam e vocês observam que aquela lagarta virou um casulo, que aquela planta se robusteceu e agora tem flores que exalam perfume e encantam com a sua cor.

E mais uns dias, daquele casulo sai uma borboleta que voa alegre em torno daquela planta, sorvendo do néctar daquelas flores. E a sua criança se alegra e a sua adulta, o seu adulto, se enche de alegria e de esperança. Ele sabe que dentro dele uma metamorfose acontece.

Dentro dela, uma transformação se faz.

E então esta adulta, este adulto, sorri para sua criança e com ela se alegra…

Respirando fundo, você retorna para o aqui, para o agora, guardando no coração todas as sensações e acolhendo com generosidade a sua metamorfose pessoal.

MEDITAÇÃO 3

ACOLHENDO TODAS AS SUAS VERSÕES

bit.ly/MeditacaoAM3

Inspire e expire lenta e profundamente.

E à medida que você inspira, você vai entrando para dentro de você mesmo, protegidamente, seguramente.

E nesse estado, imagine que você está na sala da sua casa, e ela está toda vazia.

E esta sala tem várias portas, que você vai abrir uma a uma.

Na primeira delas, você se vê bebê, bem pequenininha.

Você entra e você acolhe aquele bebê com amor.

E você sai com ele, levando no seu colo com muito carinho.

E você vai na direção da segunda porta.

Você abre e se vê lá dentro, criança, com cinco anos de idade.

E então você se abaixa e abre o braço para que aquela criança também seja acolhida.

E você sai de mão dada com ela, levando o bebê no colo e juntos você vão para a próxima sala, para a próxima porta.

E ao abrir lá dentro, você se vê adolescente.

E você sorri, a sua criança segura a sua perna e você abre o braço para que a sua adolescente venha com todas as suas características, sem julgamento.

E então, juntos você saem e vão para a próxima porta.

E lá dentro, você encontra uma jovem adulta, um jovem adulto.

E você igualmente abre os braços para ele.

E acolhe tudo que o compõe, sem julgamento.

E juntos vocês vão abrir a próxima porta.

E aí dentro vai estar uma versão sua que você precisa acolher agora.

Em qualquer idade, em qualquer tempo,
com qualquer característica.

Você olha com carinho para essa versão que aí está.

E igualmente abre os seus braços para ela com
toda a imperfeição e a natureza dela.

Tudo tem direito a ser como é.

E tudo está em movimento, em transformação.

Talvez você tenha mais portas para abrir, mais versões para olhar.

Você pode se dar esse direito neste momento.

Ou talvez você prefira ficar nesta sala se
alegrando com todas estas versões.

Juntos vocês podem fazer uma roda, uma ciranda.

E talvez nesta roda outras versões de outros momentos, de
outras idades, possam vir saindo de outras portas e entrando.

E para todas você olha com amor porque tudo
tem direito a ser exatamente como é.

Tudo está em movimento, tudo está em transformação.

E nesta roda de alegria, você diz para todas elas, em mim,
todas vocês vivem, todos vocês vivem. Com amor.

E eu tomo de cada época e de cada momento o melhor, o
aprendizado, o crescimento e tudo o que me foi possível.

E assim eu sigo cheia, sigo cheio.

Respirando fundo, você retorna para o aqui e para o agora.

Trazendo dentro de si todas as suas versões com amor.

E abre os olhos no seu tempo.

Seguramente, carinhosamente.

MEDITAÇÃO 4

LEVANDO A CRIANÇA INTERIOR ATÉ OS PAIS

bit.ly/MeditacaoAM4

Inspire e expire lenta e profundamente.

E ao inspirar, e ao expirar você relaxa.

E vai entrando para dentro de você mesmo.

Serenamente, protegidamente.

Nesse estado, você visualiza os seus pais na sua frente.

E se você não os conhece, você os imagina.

Eles estão de mãos dadas, independentemente de qual tenha sido o destino deles ou a história deles.

Em você, eles estão sempre de mãos dadas.

Em você, o amor deles se faz permanente continuidade.

E então, você observa que atrás deles aparecem os seus avós.

E que eles lenta e suavemente se viram e dão um abraço nos pais deles.

E no seu coração você diz, aqui eu sou apenas a filha ou o filho.

Eles então se voltam novamente para você, te olham com amor e novamente se dão as mãos. Talvez neste momento você sinta vontade de se ajoelhar ou de curvar a sua cabeça diante deles ou de se aproximar e segurar nas mãos dos dois. Ou talvez você queira só olhar e sentir a grandeza deles.

Experimente olhar para o amor deles tal qual é e tal qual se apresenta.

Ao seu lado, você percebe a sua criança interior.

E você dá as mãos para ela.

E a adulta, o adulto que você é leva a sua criança até os pais.

E eles abraçam com amor.

Assim como você lembra ou como você sempre quis que tivesse sido.

Agora você pode ter.

E você percebe que este abraço ilumina o ambiente.

Alegra a sua criança.

E você sente o que você precisa fazer.

Talvez você precise ficar aí um pouco tempo mais e você se permite.

Talvez você precise pegar a sua criança no colo e ir para o seu próprio caminho.

Talvez você precise se afastar um pouco para ganhar espaço e liberdade.

Agora você pode fazer o que exatamente você precisa.

Seus pais permanecem com seus avós.

E você com a liberdade de seguir o seu destino, e ser uma continuidade honrada do amor dos seus pais.

Respirando fundo.

Você retorna para o aqui e para o agora.

Protegidamente. Seguramente.

MEDITAÇÃO 5

LIBERANDO AS DEFESAS INTERIORES

bit.ly/MeditacaoAM5

Inspire e expire tranquilamente.

E à medida que você inspira, você traz a consciência para o seu corpo e percebe aquilo que ele necessita agora. E você o oferta carinhosamente.

Inspirando e expirando, você relaxa.

E então você percebe que você está em um barco, em um mar agitado. A agitação, naturalmente, produz um pouco de medo, de ansiedade, de surpresa ou de encantamento.

E a partir deste barco, na sua navegação pessoal, você sabe que você precisa atingir terra firme.

Acontece que este barco só te leva até um certo ponto.

E a partir dali, só é possível ir nadando.

Você tem medo porque a distância é longa e o desafio é grande.

Então você vê que no barco, há roupa de mergulho, há balão de oxigênio e há um escafandro à sua disposição.

E você vai vestindo esta roupa, com um misto de esperança e ao mesmo tempo, percebendo que te traz um certo desconforto, ao qual você logo se adapta.

Aprendendo a respirar com o auxílio da máscara, que te coloca em proteção.

E você então mergulha neste mar.

E vai nadando na direção da terra firme.

E vai se encantando com aquilo que é possível ver dentro deste mar.

E à medida que você se encanta, você agradece.

Sem aquela roupa especial, sem aquela máscara, sem este oxigênio, não seria possível sobreviver ali.

Os pés de pato te dão velocidade na natação.

E depois de um tempo que é só seu, você atinge a terra firme.

E então você sai da água.

Quanto tempo se passou desde o mergulho a
partir do seu barco pessoal até a terra firme?

Só você sabe.

Que caminhos você percorreu na imensidão
do mergulho, no mar que é só seu.

Só você sabe.

E você pode se alegrar que você chegou a um lugar.

Você então caminha, mas percebe que à medida que você
caminha, você tem dificuldade, pois fora da água, o pé
de pato traz um enorme desconforto para caminhar.

O balão de oxigênio pesa e a máscara impede
uma visão clara da natureza ao seu redor.

Mesmo assim, você insiste, pois está habituada àquela proteção.

E caminha mais um pouco para logo se cansar.

E então você percebe que aquela roupa especial, que aquele
oxigênio salvador, que aquela máscara protetora, que
aquele pé de pato veloz, já não são mais necessários.

Você pode retirar a máscara, você pode
respirar o oxigênio diretamente do ar,

Você pode soltar a roupa apertada, você pode deixar o balão
de oxigênio ir para o chão e sentir a leveza de caminhar sem
os pesos nas costas e sem os pés de pato desconfortáveis.

E você pode deixá-los aí ao lado, na areia da praia, e pode
experimentar correr por ela livre, sentindo a brisa fresca.

Você sabe que se precisar, se desejar retornar ao mergulho no mar de qualquer necessidade, aquele equipamento vai estar ali para você.

E você pode lançar mão dele a qualquer momento, mas sabe também que não precisa dele o tempo todo.

Você pode agradecê-lo, assim como pode liberá-lo.

Você pode utilizá-lo, você pode guardá-lo.

Em você está a decisão, a liberdade e as imensas possibilidades.

Então você inspira fundo, experimentando a alegria do ar que entra e percorre cada mínima parte do seu corpo através do seu sangue.

Você está viva, você está vivo.

E a vida é um mar de imensas potencialidades.

Respirando fundo, você retorna lenta e suavemente, para o aqui e para o agora.

Calmamente, protegidamente, no seu tempo e abre seus olhos.

MEDITAÇÃO 6

TUDO TEM DIREITO A SER EXATAMENTE COMO É

bit.ly/MeditacaoAM6

Inspire e expire lenta e suavemente, relaxando.

E à medida que você inspira e que você expira, você entra para dentro de você mesmo.

E ao entrar para dentro, você procura um lugar no seu corpo que represente o seu centro, a sua força, um lugar que represente para você serenidade.

Leve a mão até este lugar e repita para você mesmo, centradamente: tudo tem direito a ser exatamente como é.

Tudo tem direito a ser exatamente como é.

Tudo tem direito a ser exatamente como é.

Tudo tem direito a ser exatamente como é.

E à medida que você repete isso, você busca produzir em você acolhimento e compaixão, por você, pela sua história, pelos caminhos que te trouxeram até aqui. Por todas as pessoas através das quais a vida passou adiante. Por todo ser humano, comum e imperfeito, que serviu a vida até a sua vida até chegar a você.

Tudo tem direito a ser exatamente como é.

Tudo tem direito a ser exatamente como é.

Tudo tem direito a ser exatamente como é.

Tudo tem direito a ser exatamente como é.

E você percebe que da sua mão irradia calor e aconchego na direção de você mesmo.

Calor e aconchego para tudo aquilo que já encontrou um lugar dentro de você.

Calor e aconchego para tudo aquilo que virá a encontrar um lugar dentro de você.

Calor e aconchego a toda sua humanidade, comum e imperfeita.

Divina, como de todos os seres.

E você, mais uma vez, repete:

Tudo tem direito a ser exatamente como é.

Tudo tem direito a ser exatamente como é.

Tudo tem direito a ser exatamente como é.

E então você respira fundo.

E à medida que você inspira e que você expira, você retorna para o aqui e para o agora.

Serenamente, acolhedoramente, protegidamente.

E abre os seus olhos para a vida e todas as suas possibilidades que se erguem diante de você.

Tudo está em processo e tudo tem direito a ser exatamente como é.

BIBLIOGRAFIA

BÍBLIA *sagrada*. s.d. Disponível em: <https://www.bibliaonline.com.br>. Acesso em: 23 jan. 2025.

BOURBEAU, L. *As cinco feridas emocionais: como superar os sentimentos que impedem a sua felicidade*. Trad. André Telles. Rio de Janeiro: Sextante, 2017.

FERENCZI, S. (1933). *In*: MELLO, R.M. DE; CARNEIRO, T.F., & MAGALHÃES, A.S. (2019). "Trauma, clivagem e progressão intelectual: um estudo sobre o bebê sábio ferencziano". *Psicologia em Estudo*, 24. Disponível em: https://doi.org/10.4025/psicolestud.v24i0.45390

FRANKL, V.E. *Em busca de sentido: um psicólogo no campo de concentração*. 60. ed. São Leopoldo, RS; Petrópolis, RJ: Sinodal; Vozes, 1991.

HELLINGER, B. *Olhando para a alma das crianças*. Belo Horizonte: Atman, 2021.

JAMISON, K.R. *Uma mente inquieta: memórias de loucura e instabilidade de humor*. 2. ed. São Paulo: WMF Martins Fontes, 2009.

JUNG, C.G. *O eu e o inconsciente*. Petrópolis: Vozes, 1971.

JUNG, C.G. *In*: STEVENS, A. *Jung: a very short introduction*. Oxford, UK: Oxford University Press, 1994.

MASSIN, C. *Savoir se défendre: L'immunité psychique*. Paris: Odile Jacob, 2024.

MOREIRA, A. *Atitude: reflexões e posturas que trazem paz*. Belo Horizonte: Ame & InterVidas, 2025.

_____. *Homossexualidade sob a ótica do espírito imortal*. Belo Horizonte: Ame & InterVidas, 2024.

_____. *Transexualidades sob a ótica do espírito imortal*. Belo Horizonte: Ame, 2017.

NELSON, P. Autobiografia em cinco capítulos. *In*: RINPOCHE, S. *O livro tibetano do viver e do morrer*. São Paulo: Talento, 1999.

NIETZSCHE, F. *Assim falou Zaratustra*. São Paulo: Martin Claret, 2003.

REMEN, R.N. *Histórias que curam: conversas sábias ao pé do fogão*. 3. ed. São Paulo: Ágora, 1998.

ROUSSILON, R. O trauma narcísico-identitário e sua transferência. *Revista Brasileira de Psicanálise*, São Paulo, v. 48, n. 3, p. 187–205, set. 2014. Disponível em: https://pepsic.bvsalud.org/scielo.php?script=sci_arttext&pid=S0486-641X2014000300016. Acesso em: 31 jan. 2025.

TAGORE, R. Sisir Kumar Das (ed.). *The english writings of Rabindranath Tagore: Poems*. Nova Delhi: Sahitya Akademi, 1994. v. 1.

TORRES, R.F. O curador-ferido e a individuação. *Junguiana*, São Paulo, v. 36, n. 1, p. 49–58, 2018. Disponível em: https://pepsic.bvsalud.org/pdf/jung/v36n1/08.pdf. Acesso em: 31 jan. 2025.

SITES

ANDREI MOREIRA. Disponível em: https://andreimoreira.com/visualizacoescriativas/>. Acesso em: 23 jan. 2025.

FRATERNIDADE SEM FRONTEIRAS. Disponível em: https://fraternidadesemfronteiras.org.br. Acesso em: 31 jan. 2025.

SE VOCÊ NÃO SE CURAR DO QUE TE FERIU, IRÁ SANGRAR EM CIMA DE QUEM NÃO TE MACHUCOU

© 2025 *by* ORGANIZAÇÕES CANDEIA [selos editoriais Infinda e InterVidas]

DIRETOR GERAL
Ricardo Pinfildi

DIRETOR EDITORIAL
Ary Dourado

ASSISTENTE EDITORIAL
Thiago Barbosa

CONSELHO EDITORIAL
Ary Dourado, Ricardo Pinfildi, Rubens Silvestre, Thiago Barbosa

DIREITOS DE EDIÇÃO
Organizações Candeia Ltda.
CNPJ 03 784 317/0001-54   IE 260 136 150 118
Rua Minas Gerais, 1520 Vila Rodrigues
15 801–280 Catanduva SP
17 3524 9800   intervidas.com

DADOS INTERNACIONAIS DE CATALOGAÇÃO NA PUBLICAÇÃO [CIP BRASIL]

M838s

MOREIRA, Andrei [*1979]
Se você não se curar do que te feriu,
irá sangrar em cima de quem não te machucou
Andrei Moreira
Catanduva, SP: Infinda, 2025

296 p. ; 15,7 × 22,5 × 1,6 cm ; il.

ISBN 978 85 92968 21 2

Bibliografia

1. Autoconhecimento   2. Desenvolvimento pessoal
3. Comportamento   4. Constelação familiar
5. Saúde mental
I. Moreira, Andrei   II. Título

CDD 158.1   CDU 159.942

ÍNDICE PARA CATÁLOGO SISTEMÁTICO

1. Constelação familiar : Família : Relações humanas
: Psicologia aplicada   158.2

2. Autoajuda : Desenvolvimento pessoal : Comportamento
: Psicologia aplicada   158.1

EDIÇÕES

1.ª edição · 1.ª tiragem · março de 2025 · 3 mil exs.

1.ª edição · 2.ª tiragem · junho de 2025 · 3 mil exs.

Impresso no Brasil   *Printed in Brazil*   *Presita en Brazilo*

COLOFÃO

TÍTULO
Se você não se curar do que te feriu, irá sangrar em cima de quem não te machucou

AUTORIA
Andrei Moreira

EDIÇÃO
1.ª

TIRAGEM
2.ª

EDITORA
Infinda [Catanduva, SP]

ISBN
978 85 92968 212

PÁGINAS
296

TAMANHO MIOLO
15,5 x 22,5 cm

TAMANHO CAPA
15,7 × 22,5 × 1,6 cm [orelhas 9 cm]

CAPA
Leonardo Ferreira
& Rodrigo Guimarães | Kartuno

REVISÃO
Beatriz Rocha

PROJETO GRÁFICO & DIAGRAMAÇÃO
Editora Infinda

TIPOGRAFIA CAPA
(Dharma Type) Bebas Neue Pro Bold

TIPOGRAFIA TEXTO PRINCIPAL
(Linotype)
Sabon Next Pro Regular 11,5/15

TIPOGRAFIA EPÍGRAFE
(Linotype) Sabon Next Pro Demi Italic 13/18

TIPOGRAFIA CITAÇÃO
(Linotype) Sabon Next Pro Demi 10,5/15

TIPOGRAFIA TÍTULO
(Dharma Type) Bebas Neue Pro SemiExpanded [Bold, ExtraBold] [38/38, 20/30]

TIPOGRAFIA INTERTÍTULO
(Dharma Type) Bebas Neue Pro SemiExpanded [ExtraBold, Bold] [45/45, 30/30]

TIPOGRAFIA NOTA DE RODAPÉ
(Linotype)
Sabon Next Pro Regular 9,5/13

TIPOGRAFIA OLHO
(Dharma Type) Bebas Neue Pro Expanded ExtraBold 15/15

TIPOGRAFIA MEDITAÇÃO
(Linotype)
Sabon Next Pro Demi 10,5/13

TIPOGRAFIA COLOFÃO & DADOS
(Dharma Type) Bebas Neue Pro
Expanded [Bold, ExtraBold] [9, 8]/11

TIPOGRAFIA FÓLIO
(Dharma Type) Bebas Neue Pro
Expanded ExtraBold 12/15

MANCHA
103,3 × 162,5 mm 31 linhas [sem fólio]

MARGENS
17,2 : 25 : 34,4 : 37,5 mm
[interna : superior : externa : inferior]

COMPOSIÇÃO
Adobe InDesign 20.3.1
[macOS Sequoia 15.5]

PAPEL MIOLO
ofsete Sylvamo Chambril Book 75 g/m²

PAPEL CAPA
cartão Ningbo Fold C1S 250 g/m²

CORES MIOLO
2 × 2: Preto CMYK e Pantone 3517 U

CORES CAPA
4 × 0: CMYK

TINTA MIOLO
ACTEGA Premiata

TINTA CAPA
ACTEGA Premiata

PRÉ-IMPRESSÃO CTP
SCREEN PlateRite 8300S

PROVAS MIOLO
Epson Stylus Pro 9880

PROVAS CAPA
Epson Stylus Pro 4880

IMPRESSÃO
processo ofsete

IMPRESSÃO MIOLO
Manroland Roland Rekord

IMPRESSÃO CAPA
Manroland Roland 704

ACABAMENTO MIOLO
cadernos de 32 p.,
costurados e colados

ACABAMENTO CAPA
brochura com orelhas,
laminação BOPP fosco,
verniz UV brilho com reserva

PRÉ-IMPRESSOR & IMPRESSOR
Rettec Artes Gráficas [São Paulo SP]

TIRAGEM
3 mil exemplares

TIRAGEM ACUMULADA
6 mil exemplares

PRODUÇÃO
junho de 2025

CONHEÇA AS OUTRAS OBRAS DO AUTOR

 andreimoreira.com   @DrAndreiMoreira

 @andreimoreira1   @andreimoreira

Infinda e InterVidas são selos editoriais das Organizações Candeia

 intervidas.com   intervidas   editoraintervidas

MISTO
Papel | Apoiando o manejo florestal responsável
FSC® C103028

Ótimos livros podem mudar o mundo.
Livros impressos em papel certificado FSC® de fato o mudam.